中小企業のための

全員営業のやり方

〈新装版〉

辻伸一 著
Tsuji Shinichi

エベレスト出版

はじめに

中小企業がとるべき最良の営業施策とは…

本書は、社員一人残らず全員が、お客様作りに意識を向け、営業熱心になって働くようになり、売上を大きく伸ばしていく方法を、わかりやすく書き下ろした実務の書です。

「社員全員が？」

そう、ウソのような本当のことを実現する書です。

もちろん、全員が営業マンになってパンフレットを持って売り歩くという意味ではありません。

本書で述べる5つのノウハウを駆使することで、本来の職務をしっかりと行いながら、業務量や仕事時間の負担も増やすことなく、各々の持ち場で個性と能力を最大限発揮する仕組みにより、社員全員が営業の戦力となり、会社の全方位から新しいお客様を獲得するための体制が整うという意味です。

いままで500社以上の会社を診てきました。

「人が足りない」
「人材がいない」
「募集しても人がこない」

……といいながら、売上をアップさせようとすると、営業マンを増やそうとする会社がほとんどでした。

あるとき、ここに経営上の大きな落とし穴が待ち構えていることに気づいたのです。

**「売上の上がっている会社が、さらに上げようと人を増やすのは正解。
しかし、売上の下がっている会社が、なんとか上げようと人を増やすのは間違い」**

売上が対前年で2割上がっている会社であれば、営業マンを増やすという施策は上がっている売上により経費を吸収しながら利益を伸ばせるので打ち手として正解です。

一方、売上が停滞か下降している会社が、営業マンを増やして売上を上げようとすれば、利益が下がるだけでなく、売上すらさらに下がる可能性もあるのです。

詳しく説明すると、営業利益率10％の会社が、大卒の中途社員を営業マンとして1人増やす場合、採用費を含め、少なくとも年間で４００万円～５００万円の人件費が必要になります。

すなわち、現状の営業利益を維持するには、最低４０００万円～５０００万円は売上を伸ばす必要が出てきます。

しかし、売上が停滞か下降している会社で、モノになるかどうかわからない人を採用して、新しい営業マンを一人増やした程度で、1年以内に売上を５０００万円以上伸ばすことが果たして可能でしょうか？

仕事を覚えさせるには、他者のサポートが必要になります。

そのため、短期的には、プレイングマネジャーの上司や既存の営業マンの一部に負担が増え、営業量が落ちるのです。にも関わらず、過去、売上が低迷している会社で、「今のままだと現場が人手不足だ」という声があがるのを幾度となく見てきました。

そう、順番が逆なのです！

まずは、現体制と人員のままで、売上が伸びて儲かる会社に変わることが先決です。それも人に頼らず、「仕組み」で儲かる会社に変わっていくことです。

人の採用とは、現在の会社の状況を拡大させることです。

ゆえに、儲かる仕組みが整っている会社であれば、さらに大きく儲けることができますが、儲かっていない会社が人を増やす施策は、極論すればイチかバチかのバクチになってしまうのです。

中小企業は、大手企業とは違って、営業マンを採用してダメだからといって、別の部署に配置転換などできません。

利益を確保しながら、売上を伸ばしたいなら、まずは、その時点の現有戦力で、戦って勝てるようになるしかないのです。

「儲かり続ける会社は、仕組みから入り、人へと進む」

現有戦力で戦うといっても、社員教育や指導訓練をしようというのではありません。すべての人が一人前に育つかというと、中小企業の現場の実態は、そんな甘いものではないからです。

誤解を恐れず言えば、いまの会社に夢と希望をもって第一志望で入ってきている社員は少ないものです。

特に、中途採用社員であれば、生活のために転職してきています。上場企業や業界で名の知れている人気企業のように、やる気満々で入社する社員が大半を占める会社の成功事例を真似ても、中小企業の社員が、すんなりと経営者についてこない最大の理由です。

誤解していただきたくないのですが、中小企業で働く社員の方々や、そういった働き方を否定しているわけではありません。

私も、夢や理想をもって新卒で入社しましたが、失敗し、転職をしました。挫折しているからこそ実感できるのです。

そもそも、人が生きるために働くことに、かっこいい理由などいりません。

自分と家族の生活を守るために働く。子供たちが高校・大学を卒業して無事社会に出て行くまで頑張る。立派な働く動機です。

しかし、そのためには、あと20年、できれば30年、会社が存続する必要があります。

本書は、経営者が抱える悩みの90％の原因となる〝営業の問題〟を解消し、会社にいる全社員があと30年働き続けることができるくらい強い経営ができる会社に進化することを祈って、書き上げました。

私が、この書でお伝えしたい独自の視点は、対処療法的に、人の問題を人で解決しようとしても難しいということです。

「お客様が増えない」

「売上が上がらない」

「営業マンの働きに満足しない」

という問題には、動機付けや教育訓練という従来のアプローチでなく、別の角度から光を当てることで、根本的に治療できることを示唆しています。

では、どうすればいいか？

本書で、中小企業がとるべき最良の策をお伝えします。

「高校1年生でも実践できる内容で、売上が上げる仕組みを整える」

詳しくは、本書で説明しますが、全員営業は、営業部門や営業マンだけを対象にしたものではなく、すべての部署・すべての社員が営業に何らかの形で貢献し、会社を全方位的に営業戦力化するためのノウハウです。

そのため、営業適性が平均以下であることはおろか、営業と聞いただけでイヤだという人も、数多く存在することを前提に設計されています。

中小企業で、すべての人が運用できる仕組みにするには、「高校1年生で今まで一度もバイトをしたことがない人でさえ理解できて、実践できる内容と表現にしないと、現場には定着しない」というのも、私が見出したノウハウの一つです。

そのため、なかには「そんなことはすでに知っている」とか「あたりまえだ」とか、「表現が平易すぎる」という印象を持たれる場合があるかもしれません。

しかし、だからこそ、全社員すべてが実践することが可能となるのです。

複雑な内容や特定の能力を必要としないからこそ、動機付けや教育訓練を必要とせず、やることさえやれば結果がついてくる営業の仕組みが出来上がります。

設計段階で半年、運用段階で半年、全員営業を導入して1年後には、製造業であれば、いまいる営業マン3人の体制のままで、関東全域を漏れなく担当できるようになります。

ソフトウェア会社であれば、営業マンが社長と役員しかいない状況のままで、既存客のフォローをしつつ、新規案件を倍増させることすら可能になります。

また、正式に営業部隊が存在する会社であれば、廃止を検討しているような営業チームが売上を億単位で伸ばし、稼ぎ頭になるといったことも日常茶飯事です。

「全員営業」とは言わば、短期的には、1年で会社に眠る億単位の営業埋蔵金を見つけ出して、最短距離で掘りおこす宝の地図であり、長期的には、30年先の会社の未来と将来の世代交代を踏まえた磐石の布石とも言えます。

本書が、中小企業の経営者にとって、売上アップと営業の悩み解決の羅針盤になれば、この上ない幸いです。

〈新装版〉2023年7月吉日　全員営業コンサルティング®開発者　辻　伸一

目次

第5章「全員営業」5つのノウハウ その5『金で釣るな、心をつかめ』

良い仕組みだけで現場は動かない。

序章

「全員営業」こそが、中小企業にとって最強・最善の営業戦略

なぜ、いま、中小企業にこそ、
全員営業が必要なのか?

「一発芸人」という言葉があります。瞬間的に人気が出て流行りはしても、翌年には姿を見なくなる芸人のことを指します。

その一方、超一流の落語家ともなれば人気が何十年も続くのみならず、人間国宝や無形文化財にも匹敵するほど畏敬される存在となりえます。

会社も同じです。同じ儲かるにしても、「一発芸人」のような儲け方もあれば、落語家のような儲け方があります。この道を分ける分岐点は大きく分けて2つ存在します。

1つは、原理原則に見える「まやかしの常識」に騙されないことであり、もう1つが、儲かり続ける「会社独自の型」が整っていることです。

本章ではまず、多くの中小企業の経営者が影響されているいくつかの代表的な「まやかしの常識」を取り上げます。その後、全員営業の必要性と、経営者が望む営業組織となるために「会社独自の型」を作るための着目点について述べていきます。

視点01
中小企業の営業現場と、間違いだらけの世間の営業5大常識

まやかしの常識1　「営業は足で稼げ」

「気合いが足りない」
「もっとがんばれ」
「熱意が伝われば売れる」

これらは、今日も日本中の営業現場で飛び交っている掛け声でしょう。これらの根底にあるのは、「足を動かして行動さえすれば、営業の数字は上がる」という考え方です。

確かに行動しなければ数字は上がりません。しかし、創業10年以上の会社であっても、法人取引であれば、実際の主要な営業先は150～300社といったところです。極端な場合、取り扱う商品・サービスによっては、見込客そのものが10社未満ということすらありえます。

すなわち、「営業見込先」といっても、実際は地理的・人員的な関係で限界があるとい

うことです。「とにかく足で稼げ」とがむしゃらな営業をすると、お客様が商品やサービスを今すぐ必要と考えていない限り、熱心に訪問されればされるほど、仕事の邪魔でしかないのです。そのため、最悪の場合、出入り禁止や会社へのクレームとなる可能性すらあります。営業マンが派手に動いていると、経営者は「うちの営業はよくやっている」と思いますが、気がつけば、会社の将来の売上につながる見込み先をみすみす減らしてしまうことにすらなりかねないのです。

会社が長きにわたって儲け続けられる営業活動を行うには、やみくもに足で稼ぐ営業をする前に、まず**「頭で儲ける」**営業をする必要があるということです。すなわち、自社と取引する可能性がある適切な見込客を集める〈**「選択」**×**「集客」**〉と、商品を購入する資金を用意する取引客を見分ける〈**「訪問」**×**「見極め」**〉に分けて営業全体が設計されていることが重要です。

営業は、足で稼ぐ前に、頭で儲ける。

まやかしの常識2 「お客様は、神様である」

私も営業マンだった時期が長かったので経験があります。お客様に正直に商品・サービスを説明し約束通りに届けたにもかかわらず、「思っていたのと違う」と言われたり、見積書の金額を見た後、「高いなぁ、他社はもっと安いぞ」とか「消費税分は減らしてスッキリしようよ」などと、ことあるごとに無理な値引きを要求されたものです。

あるとき、ふと考えました。神様って、「値下げしろー」とか、「上司を出せ〜」とか言うものだろうかと。いったい誰がこんな余計なことを言い出したのか。調べた結果、演歌歌手の三波春夫さんが言った言葉だとわかりました。

しかし、本来の言葉の意味は次のようなことでした。「目の前のお客様が自分の歌を生で聴くのは今日が最初で最後かもしれない。今日の舞台は、神様の前で歌っていると思って全身全霊で歌おう」という心構えを表したものです。

芸能や芸術であれば、この心がけは素晴らしいかもしれません。しかし、営業マンが毎日10時間以上、1年中ぶっ続けで、その気構えをしては神経がすり減ってしまいます。

では、どうすればいいのか。考えに考えて、次のような結論にいたりました。

「お客様は神様じゃない。ちょっとわがままな殿様なのだ」

相手を神様だと思うから、「なんでこんな理不尽な目に遭うんだ」と営業マンは思い悩んでしまうのです。

しかし、お客様は商品・サービスを購入する殿様なんだから、少しくらいわがままだったり横柄だったりしても仕方がありません。それに殿様に、「こうしてほしい」と言ったところで早々は変わりません。良い意味であきらめと納得ができるようになりました。

そして、相手が殿様ならば、営業マンは「こやつ、なかなか気が利くのう。好いやつじゃ」と思われる態度をとるように心がけ、「うむ、そちが申すならよかろう。良きに計らえ」と言ってもらえるような言動をとればよいのだと認識できたのです。


お客様は、神様ではなく、殿様である。

まやかしの常識3 「商品の前に、自分を売れ」

「営業マンは、商品の前に自分を売れ」と経営者や上司から教えられることがあります。

しかし、果たしてそうでしょうか？　お客様からすれば自分なんか売りに来られても迷惑なだけです。また、会社の売上が上がるのは、商品サービスをお客様に提供したときだけです。

営業マンが売るのは、徹頭徹尾、商品でありサービスであるべきです。

ただし、その前段階として、お客様からすればよくわからない人や信用してよいか判断がつかない人から商品・サービスを購入することはあり得ません。ゆえに、お客様に聞く耳を持ってもらうために、商売相手として「自分は信用できる人間ですよ」という態度や言動を示して、「話を聞いても大丈夫な相手ですよ」ということを理解してもらう必要があるだけなのです。

日本のビジネス社会は、肩書き・知名度がものをいいます。「有名な会社か」「売れている商品か」、その2点が最も重要視されます。これは中小企業であっても同様です。初回訪問の電話や受付で、営業マン個人のことを質問されることなどありません。

最も重要なことは、**「相手に何を・どのように話をすれば、商売の可能性がある先と思ってもらえるか？」「受付で追い返されずに再度訪問できる状態を作れるか？」**です。

優秀な営業マンがやっているという世間一般で言われる情報収集のノウハウや、コンサルティング・セールスなどをやろうとしても、新規営業の受付で、多くの質問やアピールなどやらせてはくれません。話の途中で、「いま忙しいので」とか「事前のお約束はありますか？」と追い返されるのがオチです。

会社の概要を一言で表現し、かつ主力商品の特徴を1分以内で説明してこそ、初めて話を聞く相手に興味と信用を感じさせられます。この2点が、ベテランから新人営業マンまで共有化され、訓練されていることの方が、新規営業においては数倍効力を発揮します。

全員営業では、それを初回訪問の相手に実施する3つのインパクトと呼んでいます。

すなわち、

①会社インパクト
②商品インパクト
③営業インパクト

です。これを初回訪問であいさつの後に、間髪いれず行うべき**3連続インパクト**と呼びます。

話上手であったり、うまくやる必要はないのです。やるべきことをやると一定の確率で法人相手の受付突破は可能になります。詳細は、あとで詳しくご説明します。

営業は、自分なんか売らずに、ちゃんと商品を売れ。

まやかしの常識4 「できる営業が2割。ダメな営業が8割」

営業マンが10人いれば、「できる営業は2割、ダメな営業が8割」あるいは「上位2割、並みが6割、下位が2割を占める」といわれることがあります。イタリアの経済学者がアリの生態を元に導き出した「パレートの法則」がこの話のもとです。

確かに、営業マンが200人以上いるような会社であれば、パレートの法則によらずとも、長年の統計データを基に分析すれば確率論的に一定の割合が導き出されるかもしれません。

しかし、中小企業の営業部門における営業マンの数は、製造業や現場施工型の業種であれば、数人か、多くても20人以下がほとんどです。ゆえに、営業マンのすべてが目標未達成の営業部門はおろか、社内では優秀な営業と思われていても、世間一般・業界標準で言えば、平均以下の実績の場合さえ普通にありえます。

つまり、「できる営業が2割、ダメな営業が8割」や「上位2割・並6割・下位2割」など、しょせん学者のたわごとで、経営状況や売上数字が厳しい会社ならば、経営者から見れば「ダメな営業が10割」「下位10割」の方が現実的とさえ言えるのです。

ちなみに、営業マンを1人雇用し、その人が40年働いたとすると、会社の投資金額は、いくらになるでしょうか?

概算でも、採用費約100万円+総額人件費300〜400万円×40年=約1億2000万円〜1億6000万円 ※総額人件費(社会保険料、賞与、交通費ほか含む)

世間一般の給与水準が定年まで続いたとすれば、1億5000万円相当になります。仮に、その金額の設備を会社で購入したとすれば、どれだけ大切に扱うでしょうか。にも関わらず、営業マンについては、結構な割合で入社後ほったらかしにしたり、「自分で自分の居場所を作れ」というサバイバル状態が大半です。営業マン1人を採用するということは、長期では億単位の投資なのです。営業マンが5人で8億円、10人で15億円の投資です。

営業マンの生産性を高めることは、営業マン個人や営業部門だけの問題ではなく、会社全体で取り組むべき重要な課題であることをご理解いただけたでしょうか?

できる営業0割、ダメな営業10割の会社さえ普通に存在する。

まやかしの常識5 「営業は頭を打ち、失敗しながら覚える」

実際の営業現場では、うまくいくことよりも、壁や障害に当たることの方が多いものです。それはまるで、プロ野球のバッターがヒットを打つ確率に似ています。

プロ野球の選手であれば、打率3割が続けばいずれ1億円プレイヤーです。しかし、打率2割を切る状態が続けばいずれリストラになります。こと新規営業の企画提案と獲得率の割合もよく似ています。

しかし、ほとんどの中小企業の営業部門では、プロ野球で言うところの、打席に立つ回数とヒットを打つ確率は、営業部門はおろか、営業マン本人に丸投げされています。営業マン個人の人生における成長を考えると、営業数字の上げ方を会社から丸投げされて、本人が頭を打ち失敗しながら覚えていくやり方は一理あります。

しかし、会社は慈善事業ではありません。売上がないことには、会社の未来も、社員の給料もないのです。

「売上が上がるかどうかは営業マン個人に任せ、お手並み拝見」などという悠長な余裕は中小企業には本来ないはずです。

前述した通り、新入社員であれ、中途入社であれ、営業マン1人を新たに採用するには、初年度だけでも採用広告費に約100万円、1年間の人件費に300〜400万円はかかります。

もし、会社の営業利益率が10%だったとすると、営業マン1人を増やす年間経費を賄うために必要な売り上げ数字は、３０００万から５０００万円ないと、営業利益率が下がることになるのです。

これを経営者の視点としてとらえるとどうなるか、図表1（次ページ参照）を使って説明します。

Aは単なる経費削減です。利益は上がっても売上は増えていないため、いずれ先細りとなります。

かといって、Bのように人数を増やして多少売上を上げても、人件費増による経費倒れで、収益率はかえって低下しがちです。

したがって、Cのように現有戦力をフル活用する全員営業のやり方だけが売上と利益を同時に強化する唯一の方法なのです。

経営者が長年の経験から、営業マンが頭を打ち失敗する箇所をすでにわかっているならば、その障害の乗り越え方を整え、訓練させることにより、一人前になるのに3年かかるところを1年に短縮できるようにすることが、採用を経営における投資と考えれば必要なことではないでしょうか?

■図表1　パターン別売上と利益（経費）の比較

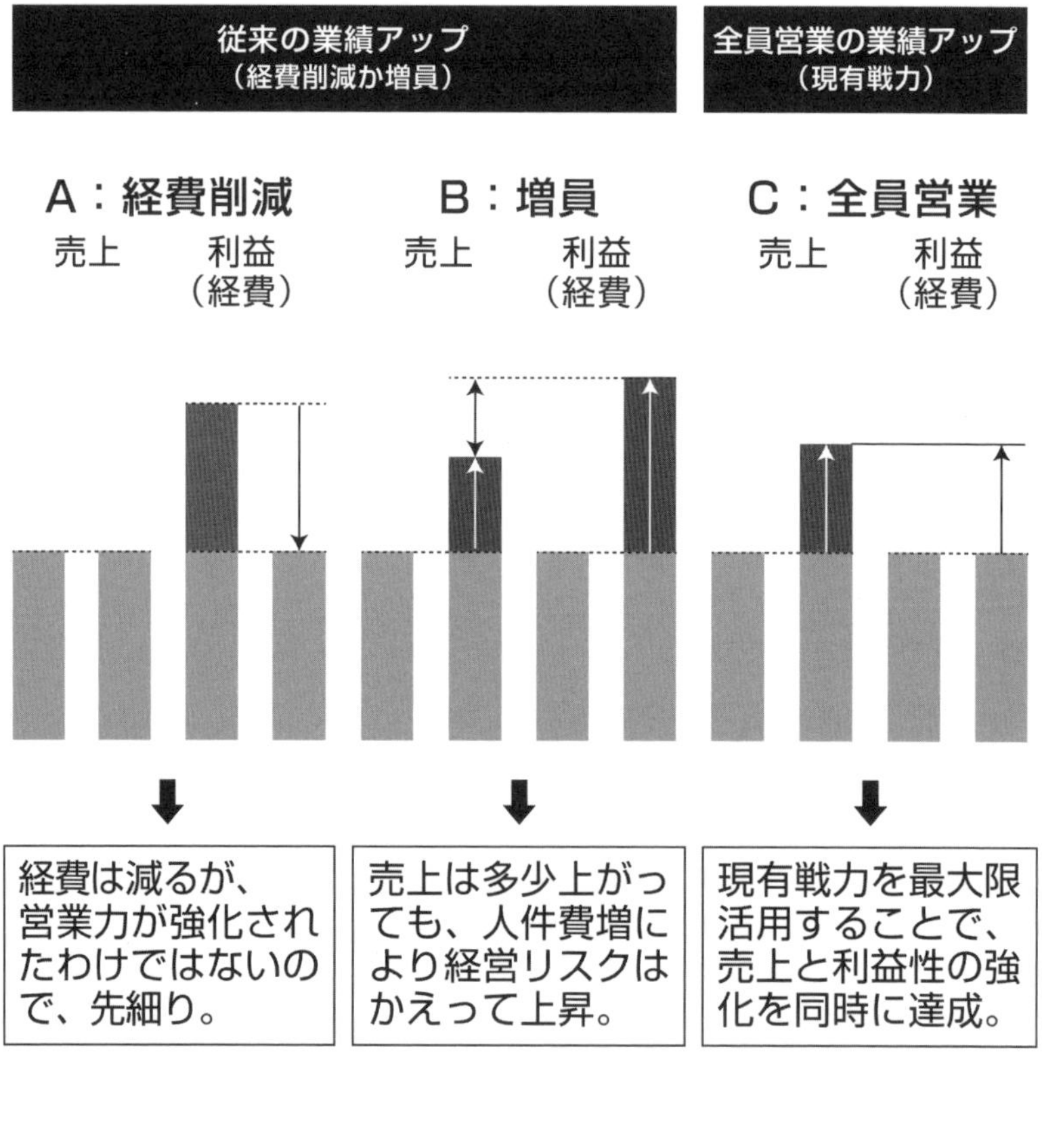
従来の業績アップ
（経費削減か増員）
全員営業の業績アップ
（現有戦力）
A：経費削減
売上
利益
（経費）
B：増員
売上
利益
（経費）
C：全員営業
売上
利益
（経費）
経費は減るが、営業力が強化されたわけではないので、先細り。
売上は多少上がっても、人件費増により経営リスクはかえって上昇。
現有戦力を最大限活用することで、売上と利益性の強化を同時に達成。

社会人としての躾（しつけ）や、一緒に働く仲間として集団に属する基本マナーなどは、厳しく教え込む必要はありますが、営業セールスのスキル習得に関しては、さっさと身につけて稼いでもらう方が、会社にも、本人にとっても良いに決まっているのです。

営業マンはサバイバルさせずに、さっさと育てるに限る。

視点02

中小企業に埋もれる「億単位の〝埋蔵金〟」と「手つかずの営業力」

必要なのは、営業戦略の〝改善〟ではなく〝改革〟

創業間もない会社ならともかく、創業10年以上の会社であれば、筆者の過去20年以上のコンサルティングの経験上、**95%以上の確率で億単位の埋蔵金が眠っていると**言えます。

「いや、辻さんはそう言うが、今までさんざん営業のテコ入れを行ってきた。だが、一向に売り上げは改善しない。そんな状況で、億単位の売り上げが眠っていると言われても、信じられない」

経営者の方が、そうおっしゃる気持ちもわかります。

しかし、実際に行ってきた営業のテコ入れは、これまでの営業の延長線上にあるのではないでしょうか？

たとえば、営業マンを教育研修したり、今までより訪問回数を増やすよう厳しく指示したり、チラシやホームページを改良する、などなど。

しかし、これらのやり方はすべて「改善」にすぎません。

もちろん改善によっても営業数字は回復しますが、これで増やせるのはせいぜい2割程度です。

売上を今より5割、あるいは10億円単位で増やすには、営業現場の改善ではなく、営業戦略や組織として〝**改革**〟が必要となるのです。

パートでも営業部門以外の他部門でも営業戦力として活用することが可能

では、営業の改革とは何か？

もっともわかりやすい例は、これまで営業の戦力とは考えていなかった会社の経営資源を営業力としてフル活用することです。これこそ、全員営業の真骨頂です。

たとえば、あなたの会社がパンの製造メーカーだったとします

これまでの営業のやり方は、営業マンがお客様を訪問して、「うちの会社のパンは美味しいです。安全です」とアピールする一般的なものです。しかし、ライバル社の営業マンも同じように、自分の会社のパンの良いところを手を変え品を変えてアピールしています。お客様からすれば、「いろいろ言っているけど、結局は全部、営業トークだろう」と思われるのがオチです。

しかし仮に、パンの製造工場スタッフが、「うちの会社のパンは、原材料の出所もはっきりしているし、実際に目で見ていつもチェックしているから、自分の家では子供にうちの会社のパンしか食べさせないし、母親も子供にコンビニでは父さんの会社のパンを選びなさいと言っている」と話すのを、お客様が実際に聞くとどうでしょう。

あるいは、経理のパートさんが、「あまり大きな声では言えないけど、うちの会社の商品は、同業者の3割増で材料費をかけているし、作り方もじっくり時間をかけてやってい

るから、モノもいいし、少々高くても安心だし、お値打ちだから、自分の家のものは、できる限りうちの会社の商品を使うよう心がけている」と言ったら、どう思いますか？

これこそ、営業マンでもなく、お客様でもなく、会社の内部を熟知した社員でしか話せない内容です。

工場のスタッフや経理のパートさんは、もちろん営業マンではありません。しかし、会社から一歩出た途端に、一消費者となるのです。発想と工夫次第では、会社の立派な営業力として活用することは充分可能なのです。

【最もシンプルな全員営業の具体例】あるオフィス部品・内装会社

ここで、実際に私が手掛けた、いちばんシンプルな全員営業の具体例をお話します。コンサルティングの依頼を受けた際、「来月が決算だが、今のままなら赤字決算になる。銀行との関係もあり、なんとか黒字決算にしたい」と経営者から言われました。

一瞬断ろうかと思いましたが、お世話になった方から「なんとか助けてやってくれ」と頼まれたこともあり、依頼を受けることにしました。

この会社は、オフィス部品・内装の会社なので独自の商品はなく、商品の差別化は一切できません。しかも、決算まで実質あと5週間しかなく、社員教育をやる時間もないという状態でした。

そこで、まず経営者に言ったのは、「今、御社で最も重要なのは、今期を黒字決算にするということでいいですね」という確認でした。

その上で、社内の通常業務を一時的に最小限にするよう取り計らいました。会社の正念場であれば、今までどおりの通常業務をやっていれば良いなど笑止千万だからです。

会社の組織体制としては、営業部門（人員3割）、施工配送部門（人員6割）、経理庶務部門（人員1割）という3つに分かれていました。しかし、非常事態であるということを社長自ら全社員に説明してもらい、全員で役割分担して、過去3年間の営業先リストと、営業マン個人が持っているリストを一元化しました。

その間に、私の方では、営業がきらいな経理スタッフでも実施できる電話アポの手引きを作成した上で、営業マンと他部門のスタッフが同じ場所で、同じ時間に、一斉にアポとり電話を行いました。

そのことにより、営業アプローチの人員は一時的に3倍になりました。そして、結果として、営業見込先への電話連絡のとりこぼしはなくなり、見込案件が出だすと営業部門は常に商談優先とし、従来であれば営業発生時に行っていた事務処理や請求など、商談以外のことは経理庶務部門で一括してフォローを行うことに変更しました。その結果、翌月の決算月は売上3倍増で無事黒字決算となり、来期に新規案件を3社残せるというおまけまでつきました。

理解しやすいように、最もシンプルな全員営業の実例をお話しました。しかし、全員営業の仕組みをしっかり作り上げると、その効果はこんなものではありません。

以下はそのほんの一例です。

●「専門商社では、1年で年商96億円アップ」

事務スタッフの営業戦力化により、社員を増やさずに訪問回数アップと新規案件が増加。

営業マン個人に依存しない新規案件の進め方を体系化することで早期戦力化も実現（詳細は第1章末事例を参照）

●**「機械設備サービス業では、2年で年商16億円が37億円へアップ」**

全社員を活用した新たな営業ルートの創出により、休眠顧客の掘り起こしに成功。3つの事業部の連携により部門の垣根を超えた大型案件が増加（詳細は第2章末事例を参照）。

●**「建設・不動産業では、2年で年商38億円が85億円へアップ」**

全社員で、既存客の営業フォローを役割分担する体制の構築により、営業部門の新規営業への注力を創出。紹介リピート数の激増とともに、営業地域内のシェアも急増（詳細は第3章末事例を参照）

●**「電子部品メーカーでは、1年で年商95億円が159億円へアップ」**

営業部門と研究開発部門が連動した営業体制を構築。技術力をアピールできる営業現場と価格交渉力の強化を同時に実現（詳細は第4章末事例を参照）

●「業務食品卸業では、３年で年商42億円が１０９億円へアップ」

営業の仕組み化と共に、営業の実績を全部門が承認する所まで整備することにより、部門間の営業情報共有と営業マインド浸透を図り、社運をかけた事業構造の転換に成功(詳細は第5章末事例を参照)

その他、業種・業態に関わらず、私の過去20年以上にわたる全員営業コンサルティング®の平均的な成果は、1年で年商30~50%増以上が大半(95%以上)を占めています。

会社はまぐれで10年続かない、必ず億単位の〝埋蔵金〟がある

なぜこのようなことが全員営業のコンサルティングで実現できたのか？

それは創業10年以上の会社に眠っている経営資源をフル活用できたからです。会社というのは、たまたま1〜2年続くことはあっても、まぐれで10年続くことはありません。確実に、その会社の「経営資産」というべき強みが存在しています。10年以上続いている中小企業には、億単位の〝埋蔵金〟として、**「3つの資産」**と**「2つの可能性」**があります。

「3つの資産」とは総称すれば、江戸時代で言うところの大福帳、現在に置き換えればお客様リストです。

①創業から10年以上のこれまで関わったお客様とその周囲の人々の人脈
②時の経過による信用。いくら儲けていても新興の企業では決して真似ができない
③10年取引いただいているお客様が感じている会社の強み

そして、「2つの可能性」とは、次のようなものです。

①新しいお客様を増やした経験
②今までのお客様に継続して取引いただいている経験

■図表2　10年以上続いている会社が持つ億単位の〝埋蔵金〟

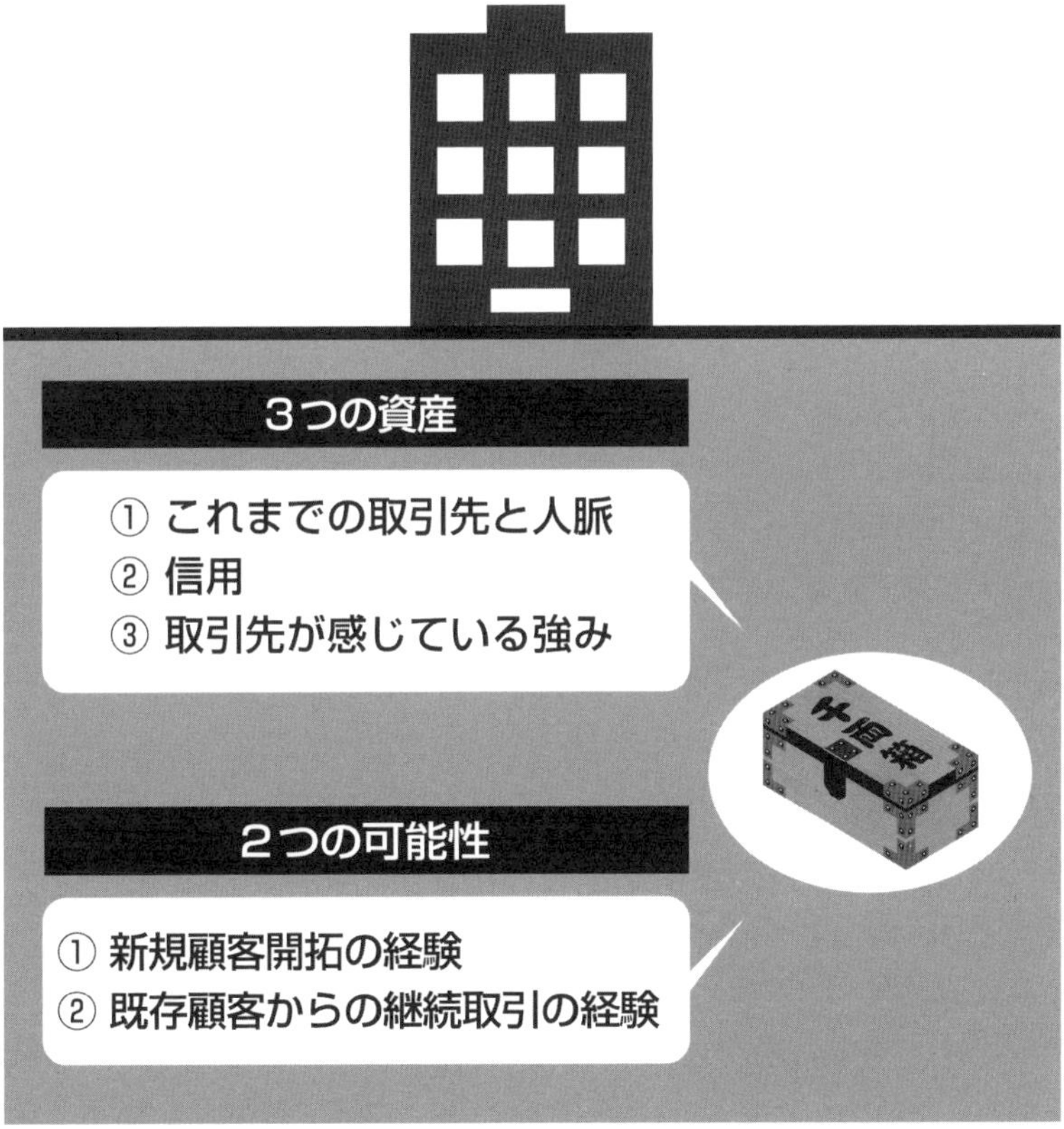

全員営業コンサルティングとは、会社の中にすでに存在するが、静かに眠り続けている億単位の埋蔵金を発掘するために、手つかずの営業力をかけ合せることで、全社員に営業マインドを浸透させていきます。やがて、それぞれの持ち場でお客様作りに貢献できる仕組みが整う会社へと変貌していきます。

そして、人ではなく、仕組みで儲かる会社になることで、無駄に社員を増やさずに、また、世代交代があっても営業力が揺るがない会社へと進化していきます。

視点03
人を増やさず営業力を最大限引き出す「全員営業」の導入手順

ステップ①　「視点を変える」

全員営業を社内に導入するにあたって、最初のステップは**「視点を変える」**ことです。営業の新たな方策を探している会社に共通することがあります。

それは、今までの営業のやり方ではうまくいかないことが出てきたということです。先ほど、オフィス内装・商品の会社で例に挙げたように、「アポイントをとるのが営業職でないといけない」という法律はないのです。また、製造業の例であげたように会社のアピールや特徴を伝えるには、営業マンよりも製造スタッフの方が効果的な場合だってあるのです。

視点を変えれば、お客様のもとに出かけて行って、実際の販売や商品説明をするのは営業マンであったとしても、お客様作りは、全社一丸となって全員が取り組む体制を作ることも可能となります。

その際、最も重要となるのが、営業においてお客様を作るには、「どこかにある答えを探す」ことではなく、**「自社に合った答えを作る」**ものだという意識です。

営業の基本は押さえながらも、商品力も、営業マンも、会社の知名度も他社と違うわが社に特有の営業のやり方を模索して、整えることが目指すべきゴールです。

業界の慣習や当たり前にとらわれない。もっと言えば、世間の常識にさえとらわれない思考の幅と深さこそが、同業他社がマネできない営業の仕組み作りに欠かせないものなのです。

とはいっても、〝言うは易く、行うは難し〟です。

ゆえに、次の手順が必要となります。

▌図表3　「全員営業」の導入手順

ステップ①　「視点を変える」

↓

ステップ②　「余力を生み出す」

↓

ステップ③　「仕組みで儲ける」

ステップ② 「余力を生み出す」

次の手順は、**「余力を生み出す」**ということです。

今までとは異なる会社の動き、ひいては業績を得たいのであれば、視点を変えた後に、組織を構成する人員の行動を変える必要があります。その視点の変化を行動へとつなげるための架け橋が〝営業の仕組み作り〟です。

かといって、視点の変化と新たな仕組みがあれば会社は変わっていくのかというと、会社組織と人の感情はそれほど単純ではありません。

その間にもう1つステップが必要となります。それが、このステップ②の「余力を生み出す」です。

経営資源の代表的なものは、**ヒト・モノ・カネ**と言われますが、昨今では、それに**時間と情報**が加わります。それら5つのうち、最低でもある2つにテコ入れすることによって〝新たな営業の仕組み〟が始動に向かうための有形・無形の経営資源を生み出すのです。

たとえば、こんな具合にです。

会社で新しい営業のサービスを始めようとしても、営業現場は既存顧客のフォローで手一杯だったり、残業続きでそれどころじゃないという状況があったとします。あるいは、先月も新しい目標を現場に指示したばかりだとします。そんな状況下で、新しい仕組みをやろうと経営者が拳を振り上げても、やろうとするどころか、当面は様子を見ようとして聞き流されてしまうのがオチです。

ゆえに、**新しい営業の施策や仕組みを現場に導入する以前に、現状の仕事を点検する作業を行います。**そして、効率化なんて中途半端なことを考えずに、そのうちのいくつかをいっそ中止することによって、**「ヒト」と「時間」という2つの経営資源から、新しいことをやれるだけの余力を一気に生み出します。**

このやり方であれば、営業現場の実務上の負担が今以上に増えないどころか、感情面の負担も一時的に軽減するため、現場から不満や言い訳の出しようがありません。

さらに、経営者の立場から補足すれば、所定労働時間内の仕事ぶりを点検することにより、残業時間を増やすことなく、営業力のみをアップさせる余力が生み出せるのです。

ステップ③「仕組みで儲ける」

最後のステップは**「仕組みで儲ける」**です。

全員営業コンサルティングのノウハウは、個人を対象とした営業よりも、**法人相手の営業に関して、特に強みと効果を発揮**します。

なぜなら、業種の違いにかかわらず、会社組織に向けて営業を行う際の難しい場所というのは、ほぼ共通しているからです。

たとえば、初めて電話をして訪問につなげるまでのアポ取りや、初回訪問であいさつはできたが2回目訪問するのにどうすればいいかわからないとか、新人であれば、営業訪問した際、お客様とどんな話をどういう順番ですればいいかわからないなどです。

また、営業訪問した際、必ず説明する内容もあります。会社の説明、商品の説明はもちろんですが、その一方でお客様から必ず聞かれる、答えるのに困る質問もあります。

一人前の営業マンであれば、暗黙知として日々実施していることや、お客様に伝える内容を会社が仕組みとして整備するということです。

専門的かつ技術的な商品説明や、契約時の価格交渉といったことは、ベテランの営業マンでも難しいことです。

しかし、中小企業において、営業でその段階のプロセスまで進むことが1日に数件同時に重なることは非常に稀です。

ということは、営業上、その役割が発生したときには、当面は、営業部長や会社規模によっては経営者が対応した方が意思決定も早く、相手も決裁者が出てくるため、契約に結びつきやすいということがあります。

また、専門的かつ技術的な商品説明であれば、それを設計したり、作ったりしている開発部門の担当者に説明をさせる方がスムーズです。

社内のコミュニケーションとしても、営業と開発部門の垣根を越えて、一蓮托生の会社作りを実現する第一歩にもつながります。

要は、営業活動上、確実に発生が予測できることや、みんなが難しいと感じることについては、会社が回答を用意することで、現場の意思決定を早くし、行動量を増やし、かつ、人材の早期育成にもつなげることができるのです。

現場で体験を積み重ねて能力を高める営業の強化のやり方は、ＰＤＣＡを回す改善の手法と言えます。しかし、経験も知識も浅い人が、いくら考えてＰＤＣＡを回したところで、たかがしれています。

会社や営業そのものをテコ入れする際には、**改善を積み重ねるよりも、キモとなる分野に改革をもたらす方が、効果が格段に違ってくる**のは、それが理由です。

改善をいくら増やしても、改革には至らない。
すごい人が売上を上げるよりも、やることをやれば売上が上がる会社を目指す。

視点04
営業部門に丸投げの会社と「全員営業」の会社の3年後、10年後の差

営業の本質は売上や数字ではなく、縄張り作り

がんばってお客様を獲得させるのではなく、「営業として行うことは何なのか」ということを会社のすべての部署で共有させることが重要です。

全員営業ではなく、営業部門に丸投げの会社であれば、営業部門がどういう仕事をやっているかというのは営業部門にしかわかりません。極端な場合、ある営業マンがどういう営業をやっていて、どういう風にお客様を増やしたのかというのは、その本人にしかノウハウが残らないということすらあり得ます。

営業の本質とは、売り上げや数字ではなく、縄張り作りです。

営業の語源は、「建物の周囲に丸い外堀をめぐらす」という意味です。別の表現をすれば、**「自社が競合に勝てる強い縄張りを作り、それを広げる」**という意味であると全員営業ではとらえています。

視点を変え、余力を生みだし、仕組みで儲ける。この手順に沿えば、1年ごとにリセットされる営業ではなく、月日を経るごとに売上が積み上がる縄張りが広がる営業へ転換していきます。

3年後には、新しく入社した人がどうすればお客様を増やし、売上を上げられるかを管理職が言葉で説明できる会社に変わり、10年後には、世代を超えても営業力が落ちない会社へと変わることができるようになるのです。

全員営業の7大メリット

会社経営における全員営業のメリットをより具体的に挙げると、次の7つになります。

- 人手を増やさずに営業力が上がる
- がんばらなくても、やることをやれば業績が上がる会社に変わる
- 口下手でも、お客様と信頼関係が作れるようになる
- 営業マンがお客様から「ありがとう」と言われる機会が増える
- 常識はずれの値下げや無理難題を言われなくなる
- 営業の仕組みが整うことで、担当者や世代が変わっても業績が継続する
- 営業としてやることが明確になり、新しく入社した人が早期に育つ

序章のまとめ

会社はまぐれで、10年続かない。必ず強みが潜んでいる

会社が10年続いたならば10年分、30年なら30年分、50年なら50年分の重みの奥に、まだ活かしきれていない「人脈・信用・強み」が、どの会社にも潜んでいる。その潜在的な営業力は、経営者の想像以上のものがある。

儲かる会社は、一発芸人よりも、落語家を目指す

順風満帆で稼ぐ会社になるよりも、年月とともに技量と品格が深まり、「このネタならあなた」と言われ続けてこそ、何十年も会社が続く。経営で意識すべきは、売上数字よりも、会社独自の型が深まったか、できないことができるようになったかである。

改善をいくら増やしても、改革には至らない

売上を上げるのは営業の仕事で、営業を強くするのは営業マン個人の役割と考えるのは自由だが、そこまでの余裕は中小企業にはない。すべての社員をフル活用し、経営者自らが急所に手をつけてこそ、会社のすべては変わり始める。

第1章

「全員営業」5つのノウハウ その1
『まず視点を変えろ』

**お客様の目の前の社員が営業職かどうかは、
会社の勝手な都合である**

01

会社が思う営業マンと、お客様が思う営業マンはまったく違う

お客様にとっては、部署も肩書きも会社の勝手な都合である

序章では、中小企業が営業戦略上、「まやかしの常識」に騙されないための考え方をお伝えしました。第1章以降は、儲かり続ける**「会社独自の型」**を全員営業のノウハウを活用して整える着目点についてお伝えします。

日本において多くの会社は、「お客様や売上を増やすのは、営業部門がやる仕事だ」と考えています。そのため、業績数字が厳しくなると、営業の動きが悪いからだと経営者は考えがちです。また、社内の営業以外の部門も「営業はもっとしっかりしてくれ」と、まるで他人事のように思いがちです。

しかし、果たして、その考え方は筋が通っているのでしょうか？

その答えは、お客様が面談している会社の担当者のことを呼ぶ言葉に表れています。

社内では、「これは営業がする仕事」とか「そんなのバイトにやらせておけ」などと話されることはあっても、お客様にはそんな考えはさらさらありません。

その証拠に、面談している相手が、初対面であったり、さほど親しい関係でなければ、「○○さん」と名前を呼ばない場合、必ずと言っていいほど、次のように呼びます。

「(会社名) さん」と。

また、「正社員さん」とか「バイトさん」などとも呼びません。

同じく、「(会社名) さん」と、呼びます。

仮に、額に鉢巻きでもして、そこに「営業部」とか「製造職」などと書いてあり、一見して担当や専門がわかるなら事情は違うでしょうが、お客様からすれば、面談する相手が営業だろうが、バイトだろうが関係ないのです。ただ「自分の役に立ってほしい」「課題を解決してほしい」ということを望んでいるだけなのです。

要は、**面談する人はすべて「その会社の人」という認識**です。

営業マンの話す言葉は、しょせんセールストークと思われる

過去にある会社で、こんなことが発生しました。

会社によく来る営業マンがいて、購買課長もそろそろその会社や商品を一度検討してみてもよいかと気になり始めたころのことでした。とある会食の集まりで、購買課長が昔の友人たちと会って、お互いの近況を話す中で、たまたまその会社から別の会社に転職した人が昔の友人たちの中にいました。

購買課長は、それとなく切り出しました。

「そうか、お前、転職したのか。ところで前の会社はどうして辞めたの?」

友人は、答えました。

「社内がごたごた続きで、このままここにいてもと思ったからね」

と自分には、非がないように転職の理由を答えました。大人の対応(笑)としては、よくある話です。

第三者同士であれば、他愛のない話で終わるはずでしたが、当の購買課長からすると自分の仕事が絡んでいる貴重な情報でした。そして、その話の真偽よりも、昔の友人で長年勤めた人間が発した言葉であることの方が重要でした。購買課長は取引を始めることについては再度考え直すこととなりました。

結局、誤解が解け、取引を開始するようになるのには、数カ月も後ということになりました（後日談により本件は発覚）。

お客様にすれば、営業マンが話す言葉には、すべて営業トークが含まれていると思っています。しかし、他部門の社員が話す言葉は、オフレコの社内情報が含まれており、特に、辞めた人間の話は、利害関係がなくなったからこそ話せる真実が含まれていると思うのです。

これは、普段の自分に置き換えてみれば、誰しもわかる話です。車を買おうとしたときに、知人にトヨタや日産に勤めている社員がいれば乗り心地を尋ねるはずです。もし、いなければ、ディーラーの営業マンに会う前に、自分の興味がある車種に乗っている友人や知人に乗り心地を尋ねるでしょう。

また、パソコンを買おうとするなら、知人にパナソニックや富士通、デルに勤めている社員がいれば、どの機種がお勧めかを尋ねるはずです。そのときは、営業マンよりも、設計部門や工場部門の作業者やクレーム担当者などの言うことを信じるのではないでしょうか？

会社から見ると、商品やサービスを売っているのは社内の営業マンだけと思いがちですが、現実には、社内の他部門の人間や辞めた人間、別のお客様の方が、営業の決め手や、重要な営業プロセスに関わっていることが、多分にあるのです。

営業マンが話すとセールストークだが、他の人間が話すと真実。

02 新規客を増やしたければ、お客様から見えるすべての営業マンを活用しろ

「お客様から見えるすべての営業マン」と4つの営業力ゾーン（領域）

実際に商品の詳細を説明したり、契約書を持参するのは社内の営業マンの仕事であっても、契約にいたる営業プロセスに関わっているのは営業マンとは限らないということをお話ししました。

次に、では、どうすれば、お客様から見えるすべての営業マンを活用することができるかについてお話しします。お客様から見える営業マンは、４種類あります。全員営業では、それを**4つの営業力ゾーン**と定義しています（次ページ図表４参照）。

Aゾーン

Aゾーンは、社内に存在している直接的な営業力、すなわち会社の営業部門のことです。世間一般の通念上、営業力として認識されているのは、このAゾーンのみですし、ほとんどの会社では、ここのみが会社の営業力として活用されています。

▮図表４　４つの営業力ゾーン

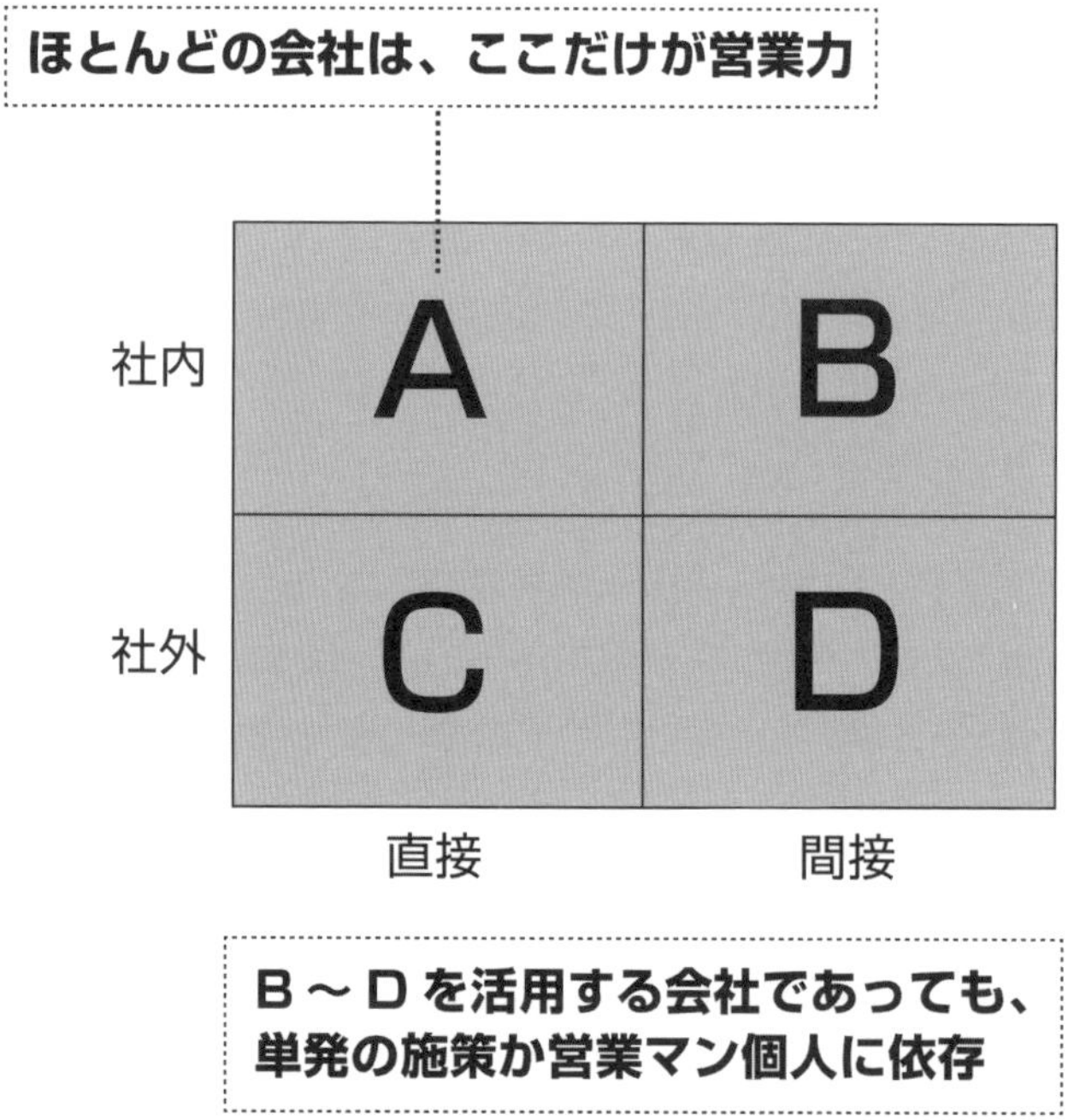

Aゾーン：営業部門
Bゾーン：間接部門（営業以外のすべての部門）
Cゾーン：既存顧客
Dゾーン：関係会社（仕入れ先、金融機関、広告代理店、運送会社、士業など）

Bゾーン

Bゾーンは、社内に存在している間接的な営業力で、会社の間接部門（営業以外のすべての部門）を指します。

たとえば、ソフトウェア産業などのように単体の営業部門を設けているところは少なく、エンジニアが営業担当を兼ねている場合や、トップ営業で仕事をとってくるのが主体となっている会社以外は、ここを営業力とはみなしていません。仮に、営業同行をする機会があっても、それは突発的あるいはイレギュラー対応という位置づけがほとんどです。そのため、組織的に、このBゾーンは業種によっては、9割以上が手つかずの営業力として放置されています。

ここを活用することができれば、営業マンの人数を増やさずに、営業力を上げることが可能となります。社内にあるため、業種や業態に関わらず、経営者の影響力と方策次第で、営業力に転換することが可能です。

Cゾーン

Cゾーンは、既存のお客様（以下、既存顧客）で、社外に存在している直接的な営業力を指します。

典型的なものが既存顧客からの紹介で売上につながっている場合です。ここは、個別の営業担当者レベルでも上級者であれば、営業力として活用されているのを時折見かけます。

しかし、社外にあること、そして、お客様であるという関係性により、すべての既存顧客および、すべての営業担当者において、営業力として活用できるものではありません。

また、活用できれば新規営業において絶大な効果を発揮しますが、一方で、こじれると、もとからあった既存の取引にまで悪影響が出るという、いわば諸刃の剣です。

Dゾーン

Dゾーンは、関係会社で（お客様以外の会社の関係者のこと、たとえば、金融機関、運送会社、仕入先など）、社外に存在している間接的な営業力を指します。過去、ここを全社的な営業力として意識的に活用している会社は、数百社に1社あるかないかです。

その理由としては、ふだん営業とはまったく違う目的で関わっているということが挙げられます。それ以外にも、いざ営業力として活用しようとすれば、機密情報の関係者以外への流出懸念や、営業上の関わり方次第では、会社にとってあまり外には知られたくない現状などを説明せざるを得ない場合もあるためです。

したがって、Cゾーン（既存顧客）とは違った意味で、営業力として活用できるかどうか以前に、活用するかどうかそのこと自体について、社内で検討する際に意見が分かれがちになります。

しかし、今までとはまったく異なる観点の営業力として、かつ同業者では思いもよらない営業力として活用できる場合があります。

以上のA・B・C・Dが、全員営業を導入した場合に、活用できる可能性がある営業力となります。そして、ほとんどの会社がAゾーンしか活用できていないのが現状です。ゆえに、B・C・Dのゾーンは、経営的な観点からは、**ほぼ手つかずの潜在営業力**と位置づけることができます。

ただし、付け加えることがあるとすれば、すべての業種・業態・会社において活用可能な営業ゾーンは、A（営業部門）とB（営業部門以外のすべての部門）です。C（既存顧客）とD（関係会社）については、各社の固有の状況により、営業力として活用できるとは限りません。

とはいえ、ご安心ください。

A（営業部門）とB（営業部門以外のすべての部門）をフル活用することができれば、

過去のコンサルティング経験上、営業力や会社業績は、年商の3割増〜倍増が可能となるのです。

お客様にすれば、職種も肩書きも勝手な都合。会社のすべての人が担当者である。

03 既存客のフォローを徹底したければ、全社員すべてを活用しろ

〝眠れる営業マン〟営業部門以外の他部門の社員を100％活用する

会社や商品の特性によって、誰がお客様から見える営業マンになるかは、各社固有になります。

ゆえに、前述のA・B・C・D 4つの領域すべての関係者が可能性としてはあっても、実際に活用できるものと、できないものとに分かれます。詳細は、各会社で熟慮・検討していただきたい箇所です。

しかし、どの業種・商品特性であっても、100％活用可能な眠れる営業マンが、1つだけ確実に存在します。それは、会社がある程度、強制力を発揮して指示命令することができる**社内の営業部門以外の他部門（Bゾーン）の方々**です。

ここで、よくあるのが、経営者が週末に本書を読んで月曜日に朝礼で、「今週から社員は全員営業マンだ。各持ち場でお客様を増やすよう心がけろ！」とやってしまうケースです。

事前の準備なく指示すると誤解されるのがオチです。しかし、しっかりと検討を重ねた上で、会社固有の仕組みを整えることさえできれば、他部門の現場の負担を増やさずに、一過性でなく継続して営業力に組み入れることができます。

ここでは、一番理解しやすい実例と成果をお伝えしたいと思います。

食品メーカー・販売　～通販会社の実例～

これは、**「お客様から見える営業マンによる顧客フォローと紹介客増加」**を実現したケースです。

東京都内と近辺は営業担当者が定期的に巡回していましたが、営業担当者と言っても数人です。通販発送のピーク時には営業も発送を行わざるを得ず、既存の長年取引いただいているお客様に顔を出すだけで手一杯という状況でした。

とは言っても、類似の競合会社も増え、価格競争も厳しくなり、「このままでは将来、先細りになりかねない」とのことで、「短期だけでなく数年先も含めて営業をどうするか」という依頼でした。

普通の対処法であれば、人出が足りないからと人を増やしにかかることでしょう。

しかし、それでは、忙しさが多少緩和される程度で、ピーク時に営業も手伝いに入り、営業活動が止まることにより新規営業が断続的にストップする現在の状況は、一向に変わりません。

では、どうしたか？

まず、視点を変えて、**今まで営業力として活用していない他部門を活用し、2つの仕組みを取り入れました。**

1つ目は、既存のお客様へ商品を送るとき、それまでは発注書だけ同封していたのを、今後は荷造りする人が手書きで一言コメントを書いた絵葉書を1枚入れるようにしたことです。

営業マンが、注文をとりたいときは足しげく通うくせに、いったん注文をとった後は、無しのつぶてになるのは日常茶飯事です。

かといって、この会社の場合、遠方はおろか、既存顧客の訪問すら時間的に苦しい状況です。しかし、気持ちとしては、利用いただいているのをありがたいと思っているし、もっと接点を増やさないと、競合に入り込まれてしまうかもしれないという危惧を解消するための苦肉の策でした。

あれこれ理由を言ったところで、結局のところ営業マンは頻繁に顔を出せないんだから、それを愚痴ったところでしょうがない。必要に迫られた、営業マン影分身の術でした。

営業マンを1人増やしたところで、状況がさほど変わらない上に、戦力になるかどうかわかりません。しかし、毎回発送している商品の段ボールに絵葉書を1枚入れるくらいなら切手は不要、日本で一番安いところで購入すれば、営業マン1人の1カ月の給料換算で1万枚は送れます。

経理・庶務の人を中心に、空いているスキ間時間に枚数に応じて寸志を渡すことで書いてもらう仕組みを作りました。おかげで、時間外労働も増えず、実施稼働から3カ月後には定着の第一段階までこぎつけました。

単なる商品発送だけでなく、一言絵葉書を入れることと、営業が連絡できないときには発送担当者と経理・庶務が分担して確認の電話を入れることによって、既存先への訪問を増やすことなく、しかし、営業接点の数は今まで以上かつモレもなく増加させることができました。

結果的に、確認の電話段階で次回の注文もいただける先もあり、営業力を落とすことなく、現場の訪問回数は、月2回のところは1回、毎月のところは隔月と省力化することができました。さらに、その余力を見込先への新規営業に充てることで新規営業力を強化し、新たに複数の新規先を獲得することができました。こうして、経営リスクなく営業マンの人数を増やし、利益率を上げながら将来に備えるという当初計画した通りに物事を進めることに成功したのです。

04 社員だけが営業力ではない。工場も文房具も天候さえも営業力に使え

会社が保有するすべてのヒト・モノを営業力に転用する

経営者は、売上とそれに付随する人の問題に、経営上の心労の9割をとられます。

それゆえ、私は「全員営業」という経営者の悩みと会社の将来を一気に解決するノウハウと仕組化を推奨していますが、全員営業でいうところの営業力は、何も社内外の人間だけにとどまりません。

究極的には、会社が保有するすべてを営業力に活用したいとまで考えています。

創業オーナーの方でしたら、次のことを実感いただけるのではないでしょうか?

創業時の中小企業は、経営者かその家族を加えたところから始まり、やがて古参の社員となる方々が定着することで、家業から事業へ体を成してきます。やがて、大口のお客様やヒット商品をつかむことで、ある時期に社員を急に増やし、一気に拡大。名実ともに会社としての企業体へと成長していきます。

最初は、自宅が会社だったかもしれません。また、マンションの一室や近所の空き地を

借りて事務所を構えたかもしれません。いずれにせよ、創業10年～30年を重ねる中で、現在の形に何度かの節目を経て成長してきたのです。

ここで、1つ考えていただきたいことがあります。最初から、会社の電話や机は揃っていましたか？　社用車は何台もありましたか？　独立した会議室はありましたか？　経理や総務部門は独立していましたか？　工場は今のように立派なものでしたか？

そう、現在、会社にあるすべてのヒトもモノも、年月とともにお客様が増えてきたからこそ、そして今後もより増やしやすくなるために必要となったモノであり、コトなのです。

会社にあるものは、ヒトもモノも含め、「空気以外」は、お客様作りに必要だから存在している（※ゆえに空気以外は、タダではない）。

それだったら、**「工場も、社用車も、文房具も、おまけに天候でさえも営業力に転用しませんか？」**というのが、全員営業の考え方です。

いや、なんとなくはわかるけど、言っていることがよくわからない。

この話をすると、よくそう言われます。

ゆえに、複数の会社における実例を述べて、説明します。

若手主体の不動産業の場合

たとえば、ある高額商品を扱っている不動産業は、すべての営業マンにモンブランのボールペンを持たせました（ただし1本目のみ会社から支給、失くしたら2本目からは自腹）。

そして、受付で伝言をお願いするとき、お客様との商談でメモをとるとき、契約書にサインするときには、必ずこのモンブランのペンで書くことを徹底的に厳守させました。

何回か会ううちに、経営者や管理職に近い方になればなるほど、このモンブランのボールペンに目をとめます。20代の若い不動産営業マンには、どう見ても不釣合いの持ち物だからです。

そして2〜3社に1社の割合で必ず聞かれます。

「君、なかなか良いペン使っているじゃないか？」

そのとき、この会社の営業マンは全員がこう答えるのです。

「お客様との大事な商談です。若輩者ではありますが、せめてペンくらいはお客様に合ったもので応対させていただきたいのです」

「なかなか言うじゃないか！（こいつなら、社長に会わせても失礼はないだろう）」

そして、担当者や現場責任者から、「社長、なかなかおもしろい営業マンが来ています。一度お会いになりませんか？」と言ってもらえる確率を高めるようにしました。

ここでポイントになるのは、これを単なる泥臭い営業テクニックに終わらせないことに尽きます。

若輩者がお客様に高額商品を販売するというのはどういう意味があり、お客様は何に引っかかるかということを会社がしっかりと教育し、経営者自らが言い聞かせて、会社の方針として訓練させてからやらせたからこそ、真意がお客様に伝わり、営業も自信をもってはっきりと言い切ることができるようになるのです。

形やテクニックだけでは、お客様に裏がバレタとき、一気に反発をくらいます。

仮に、バレたときでも、「なるほど、そういうことだったか。お客である俺のことをよくわかっているじゃないか」と思ってもらえるような考え方と内容を連動させることこそが仕組み作りの神髄です。

ある都内の印刷業の場合

日本において印刷業はすでに斜陽産業と言われています。ゆえに、特長のない商品力や営業力では太刀打ちできなくなってきています。

そのため、機会があれば、価格競争力を高めるために、特に印刷工場を郊外に移転しようと考えがちです。

しかし、ある印刷会社では、検討の結果、郊外移転をしようとする競合が多く、今後も増えることを逆手にとりました。

都内の一等地にある印刷工場は、稼働を縮小させることはあっても、あくまで移転させず、営業力の一助としたのです。

具体的には、見込客には、「ぜひ、うちの印刷工場を見にきてください。一度見ていただいておけば安心でしょうし、何より緊急のものがあっても、当日対応も状況次第で可能です」と言ったのです。

特に、商談が膠着しているときには効果を発揮するようになりました。

パンフレットだけで説明を受け、「最新式の機械が云々」と説明を受けたところで、印刷会社の工場を見た経験など、どれくらい購買の担当者にあるでしょうか？

会社の仕事には、常にイレギュラーや緊急の対応が発生するものです。そんなイザというときに、都内の一等地にあれば、駆け込んで「今回なんとか助けてくれ」とお願いできる先を1社確保しておきたいのは、特に穴をあけることができない週刊媒体や変更が頻繁になる刊行物であれば、なおさらです。

既存先からの紹介やうわさを聞きつけて話が聞きたいと、この会社では毎年のように営業マンいらずの引合いで新規先を獲得するようになっています。

ある卸商社・物販の場合

売れ続ける一人前の営業マンは、契約がとれる見込みのある先に訪問します。また、日中、外出しているときにサボったりはしません。

一方、常に売上数字が不振な半人前の営業マンは、自分が行きやすい先ばかり訪問します。そして、気分的に乗らないときは、サボりがちです。

ある卸商社・物販の会社では、お客様から連絡があって営業マンに連絡をとったところ、予定していた先に訪問していないことが判明しました。営業マネジャーが気になって、他の営業マンもそれとなく確認したところ、結構な割合で、会社に伝えていた訪問先を訪問していないことが判明しました。

経営者からは、売上不振の改善とともに、「そのこともなんとかしてくれ」という依頼でした。

「あまりお勧めはしないし、現場からの反発もあるかもしれないが、どうしてもというならば」という前提で、1つの対応策をお伝えしました。

それは、社用車と制服です。

この会社の場合、商品サンプル持参や少数であれば車で配達するため、原則として、営業マンは車で移動します。

目立たない車であれば、ファミレスや喫茶店に駐車していてもわかりませんが、これ見よがしにわかるペイントにすれば目立つので、サボっていることがばれやすくなりますし、何よりサボっている最中も気になって安心できません。

さらに、外出時は制服着用で（相当反発はありましたが）、二重に予防することで、ほぼ根絶にいたりました。

何より、配送先に派手な社用車と制服で伺うことによって、配達に行っている部署以外からも、「ついでがあるから終わったら寄って」とか、「ちょうどいい所に来た。次の話があってね」という、おまけの注文や案件が増えだしたのです。

経営者から「お客様のところに行ったら世間話の一つもして帰ってこい」と常日頃から言われながらも、できない営業マンは必ずいます。しかし、経営者は自分が自然にできるので、実は仕事の話よりも世間話の方が話題の幅が広いので難しいということを理解できていないのです。

悩んで、どうしていいかわからずサボっていた営業マンは、とりあえず、制服を着て、お客様のところに御用聞きとして行ってみたら、制服と社用車を見かけた旧知の相手から、案件の話が出てくるということになりました。

こうして、既存先については、売上数字とともに、営業訪問する悩みを解消するに至ったのです（ただし、後々になっても制服の不評は変わりませんでしたので、取扱注意ではあります）。

会社のものは、ホッチキスの針1本まで、お客様作りのために存在する。

事例　専門商社では、1年で年商96億円アップ

「全員営業」導入の経緯

すべての社員の営業戦力化により、社員を増やさずに訪問回数アップと新規案件が増加。営業マン個人に依存せず、組織としての新規案件の進め方を体系化することで早期戦力化も実現したケースです。

日本には、一般には知られずとも特定の業界では知名度の高い企業が多数存在しています。そのうちの一つで、関東を拠点に世界的に活躍している専門商社J社があります。

社員数は100名足らずですが、「全員営業」の導入により、ものの見事に、「選択と集中」という一言を、会社経営の隅々に行き渡らせることを実現させせました。

専門商社という分類が示すように、J社の商品そのものは特化しています。

当然ながら、お客様もほぼ固定化しています。その一方、同社の営業は、商社によくみられるイケイケどんどんの社風でした。

J社の創業者R社長は、この一騎当千の野武士が集まったような営業部隊は、

これまで強みを発揮しているが、労働集約型の商社というビジネスの特性上、現有戦力では現在の売上が限界であり、また、５年以上先を見据えた場合、次の社長の代では、この野武士集団を完全にコントロールするのは難しく、かつ新人が入ってきても育つ組織になっていないことを悩んでいました。

かといって、Ｒ社長は、流行の営業手法やＩＴ流の業務効率化、単なる営業現場の増員などの施策には飛びつきませんでした。

商社のように人間関係が重要視される業界で、ましてや多国籍を相手にビジネスを行っている会社の強みの源泉は、経営陣の戦略立案と判断決定を除いて、すべて現場の社員に存在します。

そのため、単なる業務効率化や人員増員は、会社を強くするどころか、かえって仕事が分散し、弱くなる可能性すらあると考えたからです。

ゆえに、「現在の営業現場の強みを拡大」しつつ、「それを次世代へ受け渡しできる営業組織の構築」に着手しようと考えた結果、白羽の矢が当たったのが「全員営業」でした。

具体的方策

営業部門別に責任者とキーマンにヒアリングを実施した結果、業績好調の会社だけに、営業現場の動きについては申し分ない状況でした。しかし、現場から上がってきた声は、「相手と会わないと話は進まない」し、「商談ニーズだけでなく、相手先の会社の内情をもっと知れば、さらに営業が強くなる」というものでした。一方で、現在以上にそれを行う時間の確保は、現状の組織体制では難しいということでした。

そこで、R社長および営業担当の専務を交えて、現場ヒアリングをもとに相談した結果、次の2つの方策が決定しました。

「誰がやっても同じ営業業務は、営業事務の専門者と兼任者を設けて委譲を徹底」

「委譲できる営業実務の分析と判断および、その社内合意と調整」

とりまとめは、社内の人が行うと普段の力関係や利害関係が影響するため、中立者である外部コンサルタントの私が行うことになりました。そして、各営業部の営業の流れやポイントを抽出し、女性中心の内勤部隊に営業実務を肩代わりしてもらう体制を数カ月かけて構築しました。

具体的成果

その結果、内勤部隊に仕事を委譲したことによって生み出された時間を営業訪問に充当することにより、これまで年に1回訪問するかどうかだった先まで確実に訪問できるようになりました。

かつ毎月訪問していた先は隔週で訪問できるようになるなど、すべての営業部門および営業担当者の稼働時間が格段に増えました。主要取引先では、商談以外の情報収集もできるようになり、受け身の提案ではなく、主体的な提案も飛躍的に増えて、結果として売上拡大につながりました。

また、内勤部隊に委譲する仕事内容を抽出～選別する過程において、営業業務の全体像や実務のポイントが整理されました。その結果、当初は自分の営業ノウハウを出すことに消極的だった一部の営業部門の管理職から、日常の営業現場で部下を指導・管理しやすくなったという声も上がるようになりました。

唯一の懸念は、仕事の負担が若干増える内勤部隊の兼任者でした。しかし、将来のキャリアアップと能力向上を希望しているスタッフたちに担当してもらうことで対応し、営業部門および内勤部門はもとより、お客様も含めて〝三方よし〟の営業体制の構築へとつながりました。

こうして、「営業と売上アップは、営業部門の担当者だけがすること」という前提をくつがえし、会社全体で営業を実施するという体制を整えることができました。そのことにより、この専門商社J社は、管理部門の一部を除き、すべての社員が何らかの形で営業業務の支援に携わる体制へと移行することに成功しました。

結果として、人を増やすことなく、営業現場の稼働時間を約30％以上高まることを実現し、年商96億円アップへとつながったのです。

第1章のまとめ

お客様にすれば、部門や役職は、会社の勝手な都合である

お客様にすれば、すべての社員が「その会社の人」である、製造、開発、経理、購買・・・営業部門以外にも様々な部門が存在するが、どの部門だろうが、また正社員かアルバイトかも関係ない。ただ、役に立つか、信用して気持ちよく取引できるかだけである。

会社で無料なのは空気だけ、すべてのヒト・モノを営業力に転用する

会社にあるものは、ヒトだけでなく、モノも含めて、すべてがお客様作りに意味があり、必要ゆえ存在している。ゆえに、空気以外は、どんなものでも当初は存在せず、しかも無料ではない。すべてを営業力にするよう意識しないと、いずれ会社からなくなる。

営業マンが話せばセールストークだが、他者が話すと真実になる

商品やサービスを売っているのは、社内の営業マンかもしれないが、情報や感想を伝えているのは、社内の他部門の人か、まだ見ぬお客様の知人か、あるいは辞めた社員かもしれない。営業マンの話は信じなくても、利害関係がない人間が話すと真実となる。

第2章

「全員営業」5つのノウハウ その2
『余計を増やすな、余力を生み出せ』

現有戦力で戦わざるを得ない中小企業は、営業マンを分身させろ

01 経営者が気づいていない、営業組織が変わらない3つの理由とは？

経営者と営業現場の感覚の違いが組織の停滞を招く

第1章では、「会社側とお客様とでは見えているものが違う」ということをお伝えしました。しかし、会社とお客様の視点を合わせるだけでは、営業戦略を適正に変化させることはできても、営業組織と営業マンは従来通り何も変わりません。

なぜなら、人はメリットがあるだけでは現状を変えないからです。それほど、日々の習慣の影響力とは大きいものです。

このことは、常日頃から経営に問題意識を持ち、学習熱心で、熱心に会社を良くしようと取り組んでいる経営者が陥りやすい落とし穴と言えます。

その原因は、経営者が持っている感覚と実際の営業現場の感覚の違いにあります。

その感覚には大きく3つの違いがあります。

経営者は気づいていませんが、営業現場が持っている感覚は**「またか……」**という一言で表現できます。

■図表５　営業組織が変わらない３つの理由

1. ㋮ ……まじめにやるだけ損だ

2. ㋟ ……大変そうだ

3. ㋕ ……「変われ！」と言う人ほど変わらない

営業組織に問題を抱えている会社であれば、今までに新たなテコ入れや取り組みを行った回数は、2回や3回ではないはずです。

「経営における朝令暮改は決していけないことではない」と私は考えますが、過去、様々な会社で現場の聞き取り調査をした結果、大半の会社では**「経営者が新しいことをやろうとする場合や、現場への指示が以前のものと変わる際に、その意図や背景の説明がほとんどない」**という声を聞いてきました（そして、今も聞き続けています）。

そのような説明不足の朝礼暮改や施策の中断が過去に何度も起こっている会社では、現場の能力不足や仕組みの未整備といった理由以前に、会社に蔓延している次の3つの感覚により、いつの間にか、経営者がいくら笛を吹けども踊らない営業組織の落とし穴にはまってしまっています。

またかの「ま」　まじめにやるだけ損だ

善良な社会人でなければ、５年も10年も組織の中で勤め上げることはできません。ゆえに、入社して最初に経営者から出てきた指示や取り組みを一生懸命やろうとします。しかし、しばらくすると、いつの間にか、経営者も上司も掛け声がなくなり、実施しているかどうかの確認もなくなります。

そんなある日、勇気を奮って上司に確認すると、「そんなことより今月の売上はどうした！」と言われます。

また、先輩に確認してみると、「あぁ、いつものことさ、３～４カ月もすると、また新しいことを会社はやりだすんだ」と伝えられます。

やがて、２年がたち、３年がたつと、会社における経営者の指示の重要度や本気度をそれとなく判断しながら、売上ノルマを達成して余裕があれば実施するようになります。あるいは、経営者が事あるごとに口に出している間は実行し、それが少なくなってくると受け流すようになっていきます。

要は**「なぜそれをしなければいけないか」**の説明もないため、ただでさえ重要度がわからない上に、いくらやっても、誰からも評価されず、言い出しっぺの経営者すら忘れてしまうようなことが度重なるうちに、「まじめにやるだけ損だ」という感覚が芽生えてきてしまうのです。

正直者が損をする風土ではなく、正直者が認められる風土が大切。

またかの「た」　大変そうだ

これについては、以前、ある会社でコンサルティングをしたときに実際にあった話が一番わかりやすいのでご紹介します。

とある会社の営業コンサルティングを、社長・役員・各地域の支店長以上の管理職で実施したときのことです。事前に、社長と役員には実施事項をすり合わせしておき、それに沿って、なぜ実施するかの背景と理由と具体的な実務を、各地域の営業現場を実際に動かす支店長に理解してもらうのが目的でした。

無事に説明と各支店での実施事項の確認が終わり、社長から最後に「このことは会社の将来に関わる重要事項で、今期の最も重要な施策だから、必ず意識して実行するように」と伝えてもらい、打合せは終了しました。

すると、社長と役員が会議室から退出後、帰る準備をしていた私のところに、古株の支店長が数名やってきて、「辻先生、少しだけお時間よろしいでしょうか？」と言いました。

（おっ、早速に話とは、ヤル気満々で施策が動き出すのか）

と内心うれしく思いながら、別室で話を聞くことにしました。

すると……、

一番古株で現場に影響力がある支店長から出てきた話は、次の言葉でした。

「辻先生、社長の言うことも先生の言うこともわかるんですが、現場は今までも一生懸命やっているし、すでに手一杯なんですよ。頼むから、これ以上、現場の負担を増やさないでくれますか？」

ここで私がお伝えしたいのは、経営者は「現場はまだまだ営業をやれるし、もっと動けるはずだ」と考えていても、現場レベルでは精一杯どころか**「これ以上ないくらいやっている」**と考えているということです。このような場合、どっちが正しいかを議論したところでどうしようもない話です。

仮に説得して考えを変えさせようとしたところで、この例が示すように、社長の前では、態度と言葉では「わかりました」と元気よく言ったとしても、内心は**「ヤレヤレ、これはできないな」**と思われるのがオチです

要は、新たな施策や取り組みをしようとすると、これ以上何かやるのは大変なので、やりたくないという人が必ず出てくるということです。

しかし、この会社は売上が20％近く落ちている状況なので、なんとかテコ入れしないことにはどうしようもない状況でした。「じゃあ、お互い腹を割って話しましょう」と提案して、やりとりの結果、現場から出てきた返答が1つだけありました。

「現場の負担がこれ以上増えないなら、新しい施策をやってもいい」

そのため、施策を検討する際、現場の負担を増やさない配慮をした結果、そこからは反発を受けずに、営業強化の施策の導入に成功しました。

期末には、対前年20％売上減少で年商13億円だった会社が売上2億円アップ、経常利益は5倍になりました。いざ取り組んでみると、想定通りに営業もやりやすくなったのですが、新たな施策の話を聞いた段階では、**新しくやることが増えると「何か大変そうだ」という感覚が現場では先に立つ**ということです。

最高の施策だけでは現場は動かない。
建前でなく、現場の本音に焦点を当てろ。

またかの「か」　「変われ！」という人ほど変わらない

「率先垂範」という言葉は、訪問する企業のあちこちでよく聞きます。しかし、往々にして、「営業の具体的な動きは営業現場が行うもの」という認識が一般的です。

その認識は、経営者だけでなく、営業の管理職でさえも持っています。ゆえに、新しい取り組みや施策を行おうとする場合、まず現場を動かそうとします。

しかし、**現場は、経営者が本気かどうかを必ず値踏みします。**経営者が持っていない認識の1つとして、一般の社員も人生経験のある大人である以上、一人の社会人として物事の是非を判断しているというのがあります。経営者が「現場のお手並み拝見」と思うのと同じように、現場は「経営者の本気度拝見」という綱引きが往々にして、目に見えないところで行われているのです。

しかも、経営者、特にオーナー経営者は、自分の会社内では特別な存在です。ゆえに、その言動において、自らの発言や会社の重要な施策にそぐわないものが多少あった程度では、誰もそれを指摘しません。ゆえに、経営者の中には、現場や社員には「変われ！」と言いつつ、自らはまったく変わろうとしない人もいます。

しかし、創業者でいえば、イエローハットの鍵山氏やココイチ（CoCo壱番屋）宗次氏は、会社だけでなく街の掃除をするので有名ですが、これも、創業者が自ら実施し続けたからこそ、定着し、企業風土となっていったのです。

実際、私のコンサルティング先でも同等のことがありました。自社の商品・サービスを初めて使っていただいた方にお礼のハガキを送ろうという話になった際、社員にやらせようとしていたときには、１カ月目で半分の人がやらず、２カ月目には誰もやらなくなりました。

「これではいけない」と真剣に悩んだ社長が、**「まずは言い出しっぺの俺がやらないといけない」**と一念発起して、そこから社長だけがイチからやり始めました。それを見ていた営業のプレイング・マネジャーの一部が取引先を訪問したときに、お客様からお礼のハガキを実際に見せて感謝されたことを体験してから、やりはじめました。

やがて社長が半年やり続けた後、自分がやっているのに、いつまでたっても一向にやらない管理職の一部に、とうとう腹がすえかねて、「社長の俺がずっとやっているのに、何でお前がやらないんだ。理由を言ってみろ」と個別に話をして、ようやくすべての管理職がやりだしました。

すると、管理職が**「社長も俺もやっているんだから、現場のお前たちもやるんだ」**という話になり、管理職も自ら数カ月実践しているがゆえに、どんなところが実施し続けるときのポイントかをわかっているため、教育指導もできるようになっていました。

すると、現場の若手が会議で**「どうせみんなでやるなら、もっとやりやすい方法をみんなで考えませんか」**という話になり、様々な仕組みを創り上げて、さらにお礼ハガキが送りやすくなり定着していったのです。その後は、社員の入れ替わりがあっても継続するまでになっています。

新しい施策は、やることだけでなく、やる順番でも結果が変わる。

※補足　経営者と社員では役割も仕事も違います。ゆえに、必ずしも、この事例のように手本を見せられるとは限りません。その場合は、違うやり方を考える必要があります。重要なのは、経営者が本気で変わろうとしている姿勢と態度が伝わる手立てです。

02
「今の仕事で手一杯です」という会社が余計を増やさず、余力を生みだす5つの秘策

もう「今の仕事で手一杯です」と言わせない

全員営業は、新しい概念だけに、すべての会社において、営業の考え方や新しい施策を取り入れる、戦略上・組織上の改革となります。

もし実行することが、複雑だったり煩雑であれば長続きしません。それどころか、やる前から頓挫しかねません。

重要なことは、やることは細心に練られた上で、しかし、現場での実践は１つひとつをシンプルにする必要があるのです。

また、全員営業を現場で実践しようとすると、ほぼ１００％の確率で、必ずどこかから出てくる声があります。

それは、**「今の仕事で手一杯です」**という言葉です。

この後、「今の仕事で手一杯」と声が出てくる会社であっても、新たな全員営業の施策が受け入れられ、実践できるようになるための５つの秘策をお伝えします。

秘策その① 「その仕事、本当に営業マンでないとできない仕事ですか？」

中小企業の営業のやり方は、整理されて体系化されているものよりも、経験則的かつ人に張りつく考え方でされていることが圧倒的に多数です。

ゆえに、**「営業部門や営業マンがやらないといけない仕事かどうか」**の点検が、過去に一度もされないままであったりします。

なんとなく、「これって営業がやる仕事だろう」という印象で決まっている事柄や、「うちの業界では、そもそもそういうものだ」という慣習や、「もう何年もこのやり方で、この範囲は○○さんがやっている」というような状態を指します。

営業で行っている作業を細かく分解すると、大きく分けると4つに分かれます。

作業の結果が、人によって分かれるものと、誰がやっても結果がほぼ同じもの。そして、営業だからこそできるものと、他者でもできるものです。

図表6で表すと、次のようになります。

極論すれば、**こと営業において、誰がやってもその仕事の成果（アウトプット）が変わらないものは、全員営業では、すべて他者でも携われる可能性がある仕事ととらえます。**

仮に、属人性が高くても、あるいは高いがゆえに、技術革新が頻繁なものや、ノウハウの持続期間が短いものなどは、外部の協力会社を検討する方が、生産性や環境変化への対

■図表6　営業作業・分類マトリックス

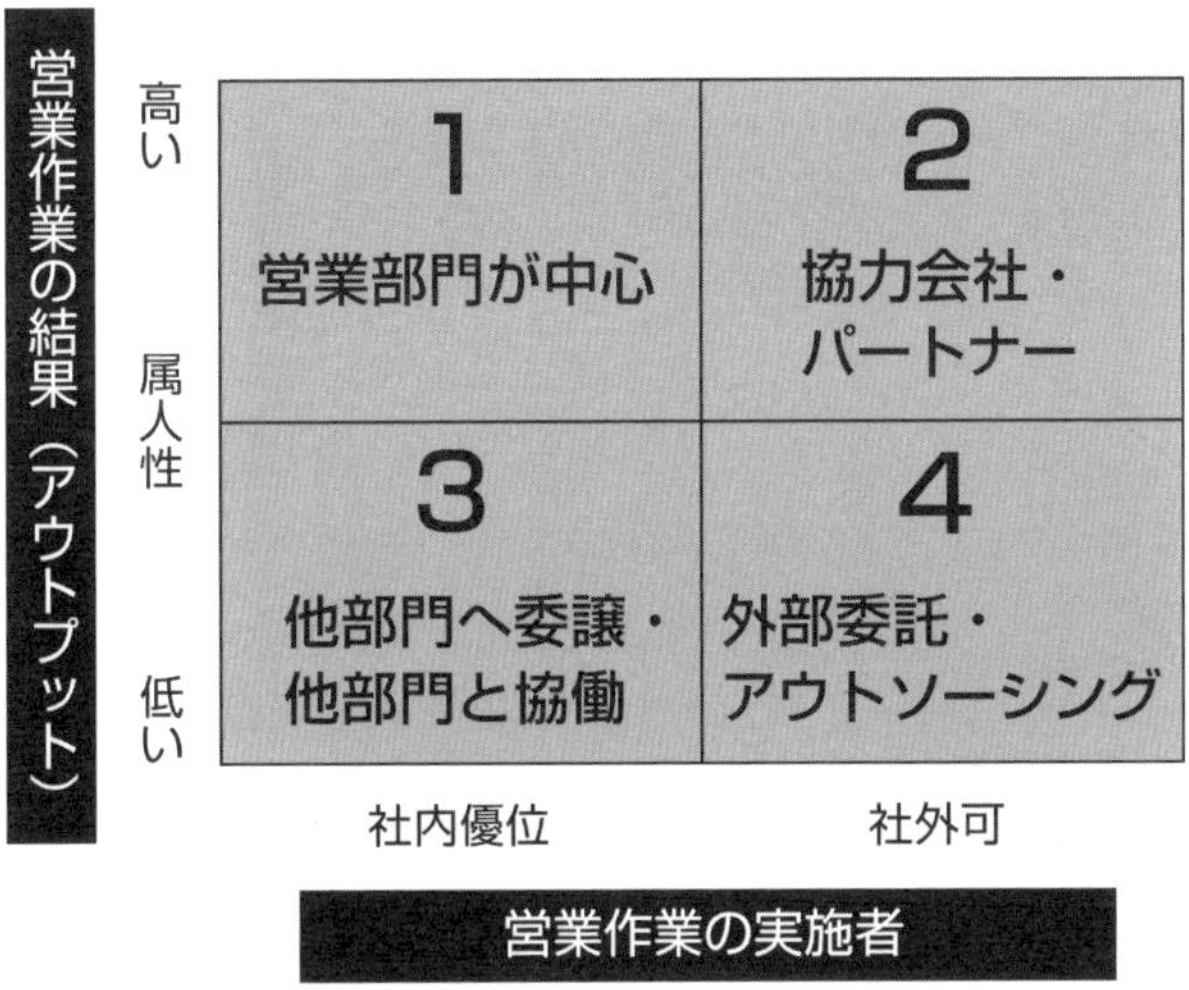

現体制でできるかどうかを考えると話が進まなくなるので、実務分担が可能かどうかだけを考える。
実務分担が可能と想定できれば、次は、現実に可能かどうかの判断と実務分担に移る。

応力が強くなる場合さえあり得ます。

こと営業活動において、実際に売上数字を生み出すことができるのは、お客様との接点があってこそです。

会社全体で、どれだけ数多くのお客様との接点を生みだせるかがカギとなります。全員営業により全方位的に、会社のすべての人や物が、お客様との接点の入り口となることを目指すのは、こういった理由からです。

しかし、営業活動の中でも、実際の結果が人によって違いが出てくる提案や折衝、そして、難易度が最も高い新規営業などについては、やはり経験値と能力が高い営業部門が行うべき事柄となります。

そのバランスをとり、強い営業組織にしようとするなら、現状実施している営業の仕事を作業レベルに分解します。

次に、1に属さないと考えられる仕事や作業を、2~4の適材適所に振り分けることが可能かどうかを考えます。

その際、特に2に該当する仕事と作業は、社内で実施分担を担当する部門と担当者に余計な負担が増えがちなので要注意です。

事前の相談と調整と仕組み作りと、現状実施している受入部門の業務効率化が欠かせません。その後、実際の実務担当者への教育訓練と、関係部門への周知徹底という流れになります。

本章のここまでの説明でわかるように、全員営業では、「営業」という仕事は単に売上をあげるだけのものではありません。

またコンサルティングの父と言われ、日本でも著名なドラッカーが提唱する「経営とは顧客創造とイノベーション」を指すのでもありません。

ドラッカーは、確かに経営の大家であり、その分野における功績者ですが、自ら営業をやったことがないので、中小企業がそのまま経営に取り入れようとすると、その表現やノウハウには足りない点が数多く含まれていると私自身が考えているからです。

では、世間一般で言われる営業でなく、ドラッカーのいう顧客創造でもなく、全員営業ではどう考えているかといえば、

「営業＝縄張りづくり」

であるととらえています。

社員が何万人もいる大企業と違って、日本中を営業範囲にするというのは、中小企業に

おいて現実的ではありません。

競争力のある商品、競合に勝てる地域や客層といった限られた縄張り（商圏）を設定し、**その縄張りにおいては、一定確率以上、絶対的な勝利の方程式を創りだすことこそが、全員営業の考える営業の本質なのです。**

ゆえに「この仕事は今まで営業がやっていたから」とか、「これは営業がやるものだ」という主観的なことではなく、科学的かつ合理的に考え、「営業＝縄張りづくり」に最も効果的な営業組織と、営業実務の役割分担を行えばよいという考え方になります。

秘策2からは、図表6で示した2～4の仕事についてお伝えします。

まず、秘策2では、ほとんどの会社で営業部門が実施している仕事で、営業がやるのが当たり前と考えられているものの、実は熟練の営業マンよりも、事務スタッフの方が営業マンより得意な3種類の営業実務についてお伝えします。


担当部門以外でも、社内でも社外でも、縄張りづくりに最も効果的かつ適材適所の人が、その仕事をすればいい。

秘策その②「事務スタッフの方が、営業マンより得意な3種類の営業実務」

全員営業で考えられるものとして、事務スタッフの活用がありますが、全員営業の理解が浅い場合、事務スタッフに営業の肩代わりをさせてしまいがちです。

過去、正式なコンサルティング指導の前に、聞きかじりでやろうとした会社では、経理スタッフに営業電話をさせようとしたり、ルート営業で採用した契約社員に新規営業をさせようとして、お客様から評判の良かった社員が退職していった例もあります。

実際、技術部門や製造部門以上に、営業の仕事を嫌がる傾向にあるのは経理や総務の人です。その点を理解しておくことが重要です。

しかし、この人たちは、実際にはお客様と受付窓口や電話で接点を持っていることがあります。そしてなにより、営業マンが苦手な実務面が得意な場合が多いのです。

その得意な３つの実務とは、

①書類作成や整理、宛名書き
②スケジュールの管理
③お客様への丁寧な電話や応対、きちんとした言葉づかい

の３つが該当します。

全員営業で事務スタッフを活用する際、原則として、営業の矢面に立たせてはいけません（そんなことをしたら相当な確率でいずれ辞めてしまいます）。

あくまで、先に挙げた3つの実務を考慮に入れた後方支援が適任です。

なにより、この3つは特に、教育訓練をそれほど必要とせず、普段やっている本業に関連することを活かすものです。さらに熟練の営業マンであればあるほど苦手かつ、「できればやりたくない」とすら思っているものなので、上手く分担することができれば、営業部門から非常に喜ばれます。

また、経理・総務などの事務部門も、営業実務・お客様作りの一翼を担うことになり、今まで会社の非生産部門でコストと考えられ、今後どんどん外部委託（アウトソーシング）が進むであろう部門から、営業戦力として利益を生みだす支援部門へと転換することができます。結果的に、事務部門の社内における存続にも寄与することができるという一石二鳥の施策と成り得ます。

事務部門は営業の矢面に立たせず、勤務時間が増えない形で後方支援をさせる。

秘策その③「製造業では、最高の営業マンは、営業部門以外に存在する」

製造業においては、序章（32から33ページ）と第1章（56から57ページ）で事例に挙げたように、製造部門や技術部門こそが直接の営業力アップにつながる資源が眠る金脈と言えます。

しかし、この部門の人たちも、事務部門ほどではないにせよ、違った意味で考慮すべきことがあります。

事務部門は営業が嫌いと考えていますが、製造・技術部門は、営業が嫌いという以前に、興味がないし、自分には関係がないと考えていると言った方が適切でしょう。

さらに、入社後10～20年のベテランほど、これまでお客様と直接接する機会そのものがないといった状況であることが多いものです。

しかし、今でもそうですが、今後ますます従来の営業テクニックや人間関係に頼るだけの営業では仕事をとるのが難しくなっていきます。その答えは、自社の営業部門よりもお客様の方が、業界全般、特に競合との比較において詳しいという点にあります。

自社の営業部門は、自社の商品・サービスについては詳しいですが、競合他社の商品・サービスについては、パンフレットは見たことがあっても実物を手に触ったことはなかったり、使用してみて結果を比較することはまずありません。

しかし、お客様、特に購買担当者であれば、複数の会社の商品・サービスの説明を受け、実際に社内で使用することで、会社間の違いを体験しています。またネットでの情報も格段に増えたことにより、持っている知識は業界平均レベルの営業担当者以上であることも多く、ひと昔前の営業とは比較にすらならない状態です。

技術的、専門的、業界的な知識の少ない営業マンでは、もはや太刀打ちできなくなっていると言っても良いでしょう。かといって、短期間で営業マンがそれを身につけることは難しいですし、学生時代に理系の基礎知識を学んでこなかった営業マンに今からそれを身につけろという方が無茶かもしれません。

最も効果的なやり方は、「ここぞ」という場面における、製造・技術部門の営業同行です。具体的な営業現場のイメージとしては、よくある刑事ドラマの取り調べが当てはまります。取調室に2人の刑事がいて、1人はベテラン、1人は働き盛りの若手です。通常の取り調べは若手が担当して進めますが、要所要所でベテランが重要な質問をしたり、合間にぽつりという一言で空気を締めたりします。

このTVの刑事ドラマを、営業と製造・技術部門とで役割分担して行うのが理想形です。ちなみに、どちらがベテラン刑事になるかは、商談の進み具合やお客様との関係性や、担当者の年齢・社内の立場によって変わってきます。

その際、重要になるのが、製造・技術部門が行うのは直接の営業トークではないということです。それをやってしまうと、単に営業マンが２人になるだけですし、製造部門や技術部門の人に、「営業マンのように話せ」と言っても難しいものです。

では、なにをしてもらえばいいのか？

製造・技術部門でないとできないことをやってもらえばいいのです。

営業マンが語るとウソ臭いし信用されないが、製造・技術部門の人間が語ると真実になること、それは……。

〝こだわり〟です。

商品・製品のアピールは言えない人でも、技術や商品の成り立ちや自分のもの作りのこだわりなら、それなりに話せるものですし、それどころか中には、話し出すと止まらない人までいます。

今までの開発現場における体験やエピソード、また、成功事例・失敗事例などの中から、「これは」というものを話してもらうようにすればいいのです。

以前『プロジェクトX』というテレビ番組がありましたが、それがなぜ人の胸を打ったのかというと、現場の実話がもとになっているからです。それを自社の営業に活用するのです。

「そのとき、○○は考えた。そして、言った。あと1回だけでいい、××を試してみよう……。そのとき、奇跡が起こった」

もちろん、実際には音楽は必要ありませんし、ナレーションも不要です。

ただ、上手く話せない場合や話が長くなる場合は、事前に文章にしておいたり、説明ボードなども書くといいでしょう。パソコンやプロジェクターも使用できるなら、映像インタビューなどがあると、さらに『プロジェクトX』に近づきます。

しかし、ここで1つだけ問題点があります。

それは、**製造・技術部門と営業部門との関係性が良くない、はっきり言ってしまえば、仲が悪い会社が存在している**ということです。

ゆえに、仕組みとして整えることはできても、実際にペアで動かそうとする場合、様々な支障が出てくる場合があります。

この点だけは、個別の会社の事情が影響するため、各社各様に対処する必要が出てきます。ゆえに、文章化することはできず、コンサルティングの領域となってきます。もし、普段から会社の全体会議などで、各部門の責任者同士の意見が食い違うことが多かったり、性格的にそりが合わない場合などは要注意と言えます。

商品・サービスの価値の根幹につながる製造・技術部門は、直接支援させる。

秘策その④「開発部門や企画部門の人材を営業マンに変える方法」

会社によっては、開発部門と企画部門は、製造や技術部門に含まれる場合もあります。ゆえに、あくまで独立した部門がある場合や、前述した製造・技術部門に加えて支援できる内容を挙げることとします。

開発部門や企画部門になると、普段の職務領域において、お客様との商談や打ち合わせを実際に行っていたり、あるいは、商品特性上、そういう機会が仮に少なくとも、お客様のニーズや市場の変化には敏感です。

ゆえに、営業同行であったり、営業における情報提供については、スムーズに協力・支援してくれる場合や、すでに実施している場合がほとんどです。そもそも営業が仕事をとってこないと、この部門の仕事が成り立たなくなってしまいます。ゆえに、営業部門とは表裏一体であるとも言えます。

しかし、この部門にも注意すべきポイントと、営業部門とお互いにメリットがある全員営業にするための勘所は存在します。

注意すべきポイントは、お客様のニーズに配慮し、良い商品・競争に勝つ商品を作ろうということで、営業活動部門とスムーズに連携できると思われがちなこの部門では、**創造的なようで業界の常識にとらわれがちな思考と、オーバースペックという2つの問題が発**

生しがちということです。

「業界の常識」という点では、営業が仕事をとってきたり、お客様のニーズを話すと、「それは技術的にムリ」とか「その予算では難しい」という一言で終わるということがあります。知識がある人ほど、人によっては、「なんとか工夫しよう」と考えたり、営業と協力して新たに予算を増やすために価値を提供しようとせず、そこで思考停止になってしまいかねないのです。そうなると、会社の要望とお客様の求める要求と値段が、最初からピタリと当てはまる仕事しかとれなくなってしまいます。

また、逆に、お客様の要望を汲むあまり、あるいは、とにかく良い商品・サービスを提供しようとするあまりに、会社が考える原価を超えるオーバースペックや、やってあげた割にお客様から、その仕事の価値を正当に評価されないことまでやってしまって、予算内でできない場合や、「その値段でここまでやってくれるなら、次も同様によろしく」と気軽に言われて、本来であれば取れた利益が取れない営業になってしまいます。

すでに開発・企画部門が営業同行したり、商談に同席することがある会社であれば、普通に現場で起こっていることと言えるかもしれません。

開発・企画部門において、全員営業を活用する最大の価値は、この両者のバランスがとれることにあります。

営業担当者がお客様に、「これこれをこの値段でやって」と言われた際、「技術的にちょっとその予算内では」と説明しても、「営業の君に、技術の何がわかる」と言われると、なかなか返答が難しいものです。仮に「馬鹿にするな、私だって技術はわかります」と豪語して議論に勝っても、仕事をとれなければ、それこそ本当の馬鹿です。

ゆえに、開発部門や企画部門の人とは、実際の商談に入った段階で発生する商品の情報収集や提案見積もり段階において、お互いの役割分担を明確にすることが最大限の効果を発揮し、お互いに今よりも本来の仕事がやりやすくなります。

要は、開発・設計・企画として、お客様の要望が複雑かつ難しいことについては、開発・企画部門が応対し、それによって生じる価格アップによる利益確保の調整と確実に良い商品を提供できるようにする体制を営業担当者が行うことです。

また逆に、「金額面のことでお客様が引っかかり、その金額内に収めるようにするなら、設計・仕様・部品・納期・条件などの変更が必要になる、なぜなら……」という調整を、企画・開発担当者が行うという塩梅（あんばい）です。

営業プロセスにおいて、営業部門と担当者が最も頭を悩ますことの1つとも言える価格交渉や提案内容の詳細のすり合わせにおいて、このペアがうまく動き出すと絶大な交渉力を発揮することができるようになります。

ある会社では、この動きが上手くはまり出したおかげで、従来と同じ提案内容であっても、価格が２割増しで契約を取れるようになったことや、あるいは別の会社では利益率が２倍以上に跳ね上がるなどのケースもありました。

提案と商談の成否に影響する開発・企画部門は、交渉支援。

秘策その⑤「人件費も教育も必要ない影の営業マン」

会社の経営が厳しくなる理由は、極論すれば、たった1つだけです。

それは、自社単独で新規のお客様を思うように取れるかどうかに帰結します。

しかし、だからといって、営業マンを増やしたところで意味はありません。なぜなら、営業マンを増やして売上を増やそうという施策の本質は、会社が持つ独自の営業力を拡大するというやり方だからです。ゆえに、現時点でどうすればお客様が増えるかを理解できていない会社の場合は、投資でなく〝投機〟となります。

ゆえに、全員営業では、まず順番として、今ある商品・今いる社員をフル活用して縄張り強化・お客様作りができる会社になるのを優先しています。

さらに発展形として、社外に営業マンを作れないものかと考えていきました。

それによって生み出されたのが、人件費も教育も必要ない**「影の営業マン」**とも言うべきありがたい存在の方々です。

では、そんな会社にとって、特に経営者にとって、これ以上ないくらいありがたい「影の営業マン」とは誰なのでしょうか。

❶既存顧客、長年にわたる取引先

まず一番が、長年にわたり自社と取引し続けていただいている既存のお客様であり、二番目が長年つき合っている仕入れ先や関係会社・団体です。

そう言うと、「お客様を営業マンと考えるなんて格好が悪い」とか「そんな失礼なことはできない」と言われることも時々あります。

確かに、これを意識して実施している企業は、それほど多くはありません。それに、社員ではないので、できるとも限りません。しかし、ごくまれに、自社の営業マンではなく、お客様を営業マンに転換させるノウハウを持ち、見事に実践している超有名企業は確かに存在しているのです。

日本人であれば誰もが知っていて、すでに何十年も前からやり続けています。あるいは、世界展開している会社で総理大臣や大統領も利用しています。

そういったお客様さえ営業マンに変えてしまう稀有なノウハウを持つ日本の２大企業とは、１つは東京ディズニーランド（オリエンタルランド）であり、もう1つはリッツカールトンです。

またニッチなところでは、オートバイのハーレー・ダビッドソンなどもそれにあてはまります。まさに、お客様がお客様を呼んでくれる会社です。

両社とも、法人対法人のＢtoＢ取引ではなく、法人対個人のＢtoＣ取引ですが、発想を工夫すれば応用は可能です。

これらの会社に共通しているのは、「どんなお客様でも良い」などという中途半端な態度ではありません。

ある意味、**自社を利用していただきたいお客様像を明確に持ち、「それ以外は結構です」とさえ言い切る潔さ**とも言えます。

ゆえに、東京ディズニーランドに女性がすっぴんで行ったり、男性が１人で行くことはまずありえません。また、リッツカールトン大阪には、どんなに厚かましいおばちゃんでもジャージやスエットでは行きません。お金のないヤンキーは、ハーレー・ダビッドソンには乗りませんし、宝くじに当たって買えたとしても、バイクを運転するというよりもバイクが乗せてやっているという雰囲気になることでしょう。

「誰かお客様がいたら紹介してください」とは、数字の上がらない営業がよくいう台詞ですが、法人対法人のＢtoＢ取引においては、お客様を紹介する方が、自分が商品を購入するよりもハードルが高いのです。自分が買って損をするならお金ですみますが、人を紹介してうまくいかないと自分の信用が損なわれるからです。

ゆえに、営業マンが気軽に誰か紹介してくださいと言っても、誰も紹介されないのは当たり前です。

会社が、営業組織が、そして営業担当者が、どんなお客様を紹介してほしいか、一度聞けば即座に、相手の頭の中に思い浮かぶようにしておくこと。

そして、**「ちゃんとご紹介いただくということは、どんな意味があるか理解していますので、決して粗相はいたしません」**ということが相手に伝わる態度と真摯な思いを伝えることが絶対条件となるのです。

この2つをしっかりと準備して行うことができれば、10年以上続いている会社に眠っている資産が活きてきます。会社はまぐれで10年続きません。

なぜなら、自然に減っていくお客様をカバーするために、必ずどこかで新規のお客様を増やした経験と、10年続く信用と仕事の中身を評価したお客様が好意や機会があったことで、別のお客様をご紹介していただいた経験が必ずあるものだからです。

こんな貴重な財産を活かさない手はありません。もちろん、乱用はできませんが、「ここぞ」というタイミングがあれば、会社のとっておきの隠し玉となるエース級の影の営業マンとなってくれます。

❷ 名刺、会社案内等の営業ツール

もう1つの「影の営業マン」とは、すでにほとんどの会社が使っていますが、効果が出ていないものです。

第1章で、「会社に存在しているものでタダなのは空気だけ」と言いました。空気以外のものは、営業上必要だから存在しているのです。

たとえば、営業が使用している名刺、会社案内、企画書、封筒、社用車、これらは営業ツールとして効果を十分に発揮していると言えるでしょうか？

お客様が1日20～30人と商談したとしても、あとで自社のことをすぐに思い出してもらえる名刺になっているか？　あるいは、どんなお客様と取引したいとか、今まで取引したとわかるようなものになっているか？

会社案内はいちいち説明しないと会社の強みと価値がわからないものになっていないか？　かれこれ10年同じものをずっと使い続けていないか？

会社の封筒やＦＡＸ用紙、便せんでは伝えたいことや余白を有効活用しているか？

社用車も一発でどこの会社かわかるものになっているか？（ただし社用車は、そうでない方がよい場合もあります）

営業マンに、しっかりと話させようとするとそれなりの教育訓練をしなくてはいけません。しかし、今挙げたこれらのツールは、効果が出るまで修正を繰り返した後は、その効果が落ちるまで、24時間３６５日ずっと使い続けることができます。

特に、重要なのが名刺です。

なぜなら、名刺を出した瞬間は、営業で訪問していても、どんな人でどんな会社かに関心が集中します。ほとんどの会社は、社名と住所、連絡先の羅列でしかありませんが、そこに、会社が伝えたいメッセージを入れ、裏に営業活動に効果がある情報を入れることで、初対面の一発目で相手にインパクトを与えられるからです。現時点ですでに新規営業が主体であったり、今後注力しようとする会社は必須事項です。

また、同じくらい重要になるのが会社案内です。武器にたとえると、名刺が弓矢であれば、会社案内は刀か槍になるくらい重要です。

仮にお客様に、「これこれこういう会社を紹介してください」というときに、ずっと覚えてもらうのですか？　相手がずっと覚えていると思いますか？

それゆえ、名刺よりも多くの情報を載せることができる会社案内に必要な情報を一読すればわかる状態で載せておくことが重要になるのです。

それが整えば、紹介しようとお客様が思い浮かんだ方に、「ぜひこの会社案内をお渡ししておいてください」と言えばいいだけになるのです。紹介する人も、「あなたが以前悩んでいると言っていた件、ここはおすすめだよ」とか、「ここは自社も使っているから、なんだったら紹介しようか？」という一言で済みます。

あとは、昨今では、誰しも人に会う前にホームページをチェックすることがほとんどなので、ホームページはデザインよりも、必要な情報が整っているかどうか、かっこ良さより見やすいかどうかが問われてきます。

次に、運用と成果が出るまでに時間はかかるかもしれませんが、ぜひ取り組まれるとよいのが**企画書・提案書**です。デザインに凝る必要はありませんが、一見して会社や商品と一貫性がないと、誤解を受けたり、安っぽく見られてしまいがちです。

新規営業の初期段階では、名刺と会社案内の中身が重要となり、後半段階になると、企画・提案書の中身が重要になります。

新規取引で、いきなり決裁者や経営者に会えるとは限りません。あるいは、最後まで経営者には会えない場合すら考えられます。ゆえに、営業トークにいくら磨きをかけて、目の前の人に伝えることができても、その人が経営者や決裁者にトークの内容を伝えてくれるとは限らないのです。

相手が担当者や最終の意思決定者でない場合、ひょっとすると営業場面で伝えた自社の特徴や強みは一切伝わらず、企画・提案書に書いてあることだけ読まれ、「この会社のことは会社案内を参考にしてください」としか説明されないという可能性まで想定したものになっているでしょうか？

営業ツールを磨き上げることは、２つの効果を生み出します。

１つは、会社の歴史が導いてくれる「既存のお客様」と「成功体験」を語ってくれる影の営業マンを生みだすことにつながることです。

もう１つは、自分の手を離れた企画・提案書が単なる文字と数字の羅列となるか、それとも物言わぬ影の営業マンとなるかどうかを決定的に決める要因にさえなるということです。

既存のお客様こそ、人件費も教育も必要ない実体験あるエース級の営業マンになる可能性を持っている。

営業ツールは「影の営業マン」。自らの会社を顧みればわかる。新規と高額の商談に近づくほど、最終決裁は会議室で決まる。

事例

機械設備サービス業では、2年で年商16億円が37億円へアップ

「全員営業」導入の経緯

営業マンが現場作業で多忙すぎる、施策を検討するにも現場の社員をいちいち集められない…など、新たな営業の施策を打つには厳しい条件の中で、全社員を活用して新しい営業ルートを創出し、休眠顧客の掘り起こしに成功するとともに、売上を2年で年商2倍以上にした会社があります。

中京地区の機械設備サービス業D社は、業界そのものの拡大と優良顧客の成長とともに、創業以来右肩上がりの成長を遂げてきました。

優良顧客に支持されるだけあり、顧客のニーズに答える技術力と真摯に対応するサービスには定評が高いのですが、営業効率の悪さと、売上予測を立てづらい点が長年の課題でした。

また、現場での支持は高く、お客様からは感謝の言葉を数多くいただく一方で、

日常業務の忙しさと相まって、経営陣以外は将来に対する危機意識が薄いのが特徴でした。

そのため、現場仕事をかねた定期訪問以外、これといった営業の仕組みやルールを検討することなく、知らない間に多くの休眠顧客や見積もり提出のみの見込客が通り過ぎているといった状況でした。

要するにD社の状況は、次の一言に集約されます。

「社長が『新規顧客を開拓しろ！』と命令しても、営業現場は一向に変わらない」

しかし、営業担当の取締役も、現場からのたたき上げだったため、現場の状況は理解していました。

営業ができる人間を動かそうとすると、現在担当していて仕事ぶりを評価されている主要先を外さざるをえない。

そうなると、かえって売上が落ちる。

社内で繰り返し検討した結果、いままでと同じやり方、同じ発想では、打開できないという結論に至り、そこで私に依頼がきました。

課題

D社の場合、「営業部」という名称はあっても、一般的な訪問営業の部隊ではなく、営業の相談受注と現場作業とがセットの兼任の営業部門でした。

そのため、「仕事とは、自らとってくるものというよりも、お客様の要望に応えるもの」という認識が強いのが特徴でした。私が指導訪問した際も、当初は話が中々かみ合いませんでした。

次のような感じです。

私　「営業を効率化するか、強くする必要がありますね」
部長「それはわかるが、現場は手一杯なので、これ以上は無理です」
私　「現場にセールススキルか、営業がやりやすくなる工夫を追加しては？」
部長「研修や教育なんて時間の無駄です。それに、現場の仕事が毎日入っているので、全員が集まって何かをしたり、検討するのは不可能です」

とはいえ、さすが部長クラスともなると、「取引先の世代交代も進みつつあり、従来の人間関係や取引経緯から仕事がくることに甘えていては先が心配である」

とは考えていたため、検討・熟慮を積み重ねました。

その結果、「取引相手を、現場の社員が訪問する時間は、すぐには増やしたくとも増やせせない。こちらが行けないならば、相手に来てもらうしか方法がない」という結論にいたりました。

確かに、相手が会社に来てもらえるなら話は進むでしょう。


しかし、ここで重大な問題が発生しました。

それは、「仕事の発注先を選べる立場にあるお客様に対しては、訪問営業以上に、来社してもらう営業が圧倒的に難易度は高い」ということでした。

営業の現場担当者に話をきいても、「そんなことを考えるより、現場は手一杯なので人を増やしてください」という話がかえって来るありさまでした。

しかし、他に選択肢はありません。

そこで、さらに3カ月ほど検討を重ねた結果、新たな営業の仕組みを作るに至りました。

具体的方策

それは、「イベント営業」の仕組みです。

いつも現場で手一杯とは言いつつも、やはりお盆とお正月は、交代で休みが数日とれていました。

ゆえに、仕事の閑散期にお客様や見込客に来社いただけるイベントを開催することなら、数カ月の準備期間があれば可能ということで、現場担当の複数部門とも合意がとれました。

かといって、当然ながら、イベントは営業や現場部門だけで実施できることではありません。

製造開発や経理総務など会社にある全ての部門に協力を仰ぐ必要があります。

会社にとって初めての体験の中で効果的かつ極力負担を増やさないように協力要請をするために、外部の中立的な立場の調整役として、要所要所でコンサルタントの私も検討会議に入りながら開催に向けて進んでいきました。

そして、開催に向けてのプロセスを分解し、営業部を軸に開催・運営担当者を設けました。

もちろん営業部は日頃の現場仕事も行いながらであったため、開催準備については、製造開発部門に多くの支援をいただきました。

また、経理総務のように普段から社外への郵便・事務連絡のやりとりに慣れている部門にイベントの案内状作成や発送および出欠のとりまとめなどをやってもらうなど、適材適所の体制を整えました。

具体的成果

結果的に、自社独自のイベントにも関わらず、1000人を超える来場者に恵まれました。

当日のアテンドから終了後のフォローの流れを細部にいたるまで事前に整えていたことにより、数年以上もご無沙汰していた休眠顧客の復活や、既存顧客からの新たな優良見込客の紹介や、自社のノウハウを使用現場に似た状況で詳しくアピールできることにより大型案件の発生などにつながりました。

結果として数億単位の売上アップへとつながりました。

営業活動したくとも、「訪問する時間がない」「訪問のきっかけがない」「訪問しても話すネタがない」といった状況を逆手にとり、「来社してもらう仕組み」を新たに整えたことで、営業効率を飛躍的にあげるだけでなく、翌年以降も継続できる新たな営業ルートの開発に成功したのです。

営業の結果は、やってみなければわかりません。

しかし、営業の動きについては、長年同じ状況でやっているのを、更にがんばらせ、一層動かしたところで、下手な鉄砲を数多く打ち続けるようなものです。まず現場が動く前に、「成果につながる余地はどこにあるか、余地が無いならば産み出せるか」を考慮しつつ、仕事の実働時間内における営業密度そのものが上がっていく施策こそが重要なのです。

第2章のまとめ

新しい施策を発表すると社員は「またか…」と思っている

創業間もない会社でなければ、新しい施策を試したことは幾度もある。それが続かないどころか、やろうとしても現場が動かなくなってしまっている会社は、施策の内容よりも、施策の「やり方」にこそ手をつける必要がある。

会社における適材適所とは、能力だけでなく、代替性にこそある

適材適所とはよく言われる話だが、限られた社員数では、適材がいない場合もあれば、適所だけやってもらうようでは困ることさえある。担当部門や社内だけにこだわらず、能力面だけでなく、代わりの人でも出来るかどうかに目をつける。

「今の仕事で手一杯」を理由にしてしまうと、会社は永遠に変われない

「忙しくて出来ない」、「今の仕事で限界です」…売上とお客様が1年で2倍以上に成長しているような会社は致し方ないが、それ以外は、工夫次第で社員が動く余力を生み出せる。施策を動かすのは、その後の話。さもないと時間外労働が増える。

第3章

「全員営業」5つのノウハウ その3
『人に頼るな、仕組みで儲けろ』

営業は掛け算である。営業未経験者でも、営業が嫌いでも売れる営業の仕組み作り

01 営業が嫌いな人は、営業そのものでなく、現場で起こる理不尽が嫌い

なぜ、営業を嫌いな人がこんなに多いのか？

全員営業において、営業部門以外が直接営業の支援に回る場合、細心の配慮と事前の周知徹底を行えば、私の体験上では、7割の会社がスムーズに営業支援を導入することができます。

しかし、残りの3割の会社は、現場から何らかの抵抗が発生します。その抵抗が起きる最大の要因は、営業支援の仕事や具体的な作業そのものにはありません。

最大の要因は、**現場で起こる理不尽への不安と恐怖**です。

他部門の営業未経験者であっても、今まで一度も営業場面を見聞きすることなく人生を歩んできた人など誰もいません。

事務職であれば、普段仕入先の営業マンや新規で飛び込み訪問やアポとり電話をしてきた異業種の営業マンがどんな対応を受けていたか、あるいは、応対した自社の社員がどんな態度で、どういう言葉を投げかけていたかを何度も見てきています。

あるいは、直接外部との接点がない工場の製造ラインの人であっても、自分が自家用車を検討するときに出会った車のセールスマンや、自宅に突然来る新聞配達の勧誘などを見てきています。

仮に、社会人経験がなく、昨日入社した新卒の社員であっても、家電量販店やコンビニエンスストアや飲食店で、スタッフ（その業種における営業職）とお客様とのやりとりを見ています。

さて、いつもセールスマンや受付スタッフは、お客様に受け入れられていたでしょうか？　追い返されたりしなかったでしょうか？　問題もトラブルもなく、お客様から罵声を浴びたり、嫌味を言われたりしてはいなかったでしょうか？

すべての社員が、今までの人生の中で幾度となく、営業の現場において、理不尽なこと、人によっては精神的に苦痛と感じることを実際に見聞きしているのです。

ゆえに、「全員営業をやりましょう」といっても、「私は営業の部署じゃないのに、今後、会社ではあんな目に遭うのか？」という感情が真っ先に思い浮かんできます。

「お客様から見れば、すべての社員がその会社の人間です」ということは、頭では理解できても、行動に移せないのはそのためです。

かといって、新しく営業マンを増やしても、受け入れ態勢と育つ仕組みがなければ、即戦力になるどころか、営業部門の負担が増える上に、社員として定着するかどうかも不確定です。

一方、他部門の既存社員を活用すれば、お互いの顔と名前や性格も知っている上に、会社の流れを一から説明する必要もありません。何より、いきなり一身上の都合で退職することもなく、全員営業が定着する度合いが圧倒的に違ってきます。

ゆえに、過去、どんな業種や会社であっても、あることをやれば、全員営業の導入は可能でした。

そのあることとは、何か？

それは、**事前に現場で発生するであろう理不尽なことや、障害となる状況を想定し、予防策と対処法を練ること**です。

これこそが、唯一無二の方策です。

「なんだ、そんなことか」と思われる経営者の方もいるかもしれません。

しかし、そう思われたあなたの会社では、なんらの予防策や対処法を練っていないから、そう思われるのではないでしょうか？

あるいは、こんな風に考えていないでしょうか？

「それを考えるのが営業だし、それは営業マンの仕事のうちだ」と。

しかし、それでは、営業現場で過去から現在までずっと、営業マンはそういう仕打ちを受け続けているということの裏返しとも言えます。

もちろん、営業の仕事は本来広範囲ゆえに、営業活動すべての発生事項に事前準備をするには膨大な時間と労力が必要ゆえ現実的ではありません。しかし、全員営業で他部門が関わる範囲は、あくまで限定的なものです。何も営業マンの代わりに1人でお客様を訪問するわけではありませんし、今まで営業マンができなかったことを代わりに行うのでもないのです。

営業マンがやりたくても日常の業務に追われてできなかったことや、繁忙期でなければ実施できているが年間３カ月は手つかずになることや、手練手管や営業テクニックではなく、決められた内容と手順に沿えばできることを役割として分担してもらうことだからです。

ある不動産の会社で、新規営業力をダントツに上げた手法

ある不動産の会社で私が実施したのは、全員営業を導入する上で他部門が実施しようとすると、最も難易度が高い部類の営業支援でした。

それは、営業部門の代わりに、事務スタッフが電話で新規アポイントを取りつけるというものです。

「えっ、それって普通に新規営業で、かつ営業部門でも難しいことでは？」と思われる方もいるでしょう。

営業部門が稼働しているにも関わらず、この3〜4年まともに新規先が増えていないとすれば、それは、はっきり言って全員営業以前の問題です。会社の事業構造と経営戦略を一から練り直さないといけないでしょう。

しかし、そのような会社以外は必ずどこかで新規のお客様を増やしていますし、既存のお客様のリピート取引を獲得しています。

営業部門が今まで体験してきた成功体験を体系化し、他部門が実施できるように文書化、ツール化すればいいのです。

この場合は、販促チラシをお送りした先に、事務スタッフの部門が到着確認と情報収集の電話をし、反応が良い先と営業訪問可能な先を選別するというものでした。

くどいようですが、全員営業では、社内で誰もやったことがない仕事をやらせるわけではありません。過去どこかの段階では、営業部門もしっかりとやっていたのです。

ただ、やりたくとも長年のうちに1人あたりの担当先が増えたり、人員減少などの効率化により業務負担が増えることなどで時間がなかったり、ついできなくなっていたことなのです。

手順としては、営業部門内で検討を重ね、新規のアポどり電話をかけたときに、過去に発生したトラブル、想定される話題、出てくる質問・言葉、そして最も重要なトラブル・理不尽なこと……、これらをすべて洗い出し、ベテランの事務スタッフが多かったので社会経験も考慮し、7割以上の頻度で発生することについては、対応の手引きを作成しました。

それを営業部門でも一定期間テストし、修正を加えた上で、事務部門の責任者に相談・協力を要請し、告知から必要な教育訓練を行うという流れで実施しました。

面倒だと考えるかもしれませんが、このような配慮なしにやろうとするので、ほとんどの中小企業においては施策が長続きしないのです。

正直な話、敬語や一般的なビジネスマナーについては、事務スタッフのほうがベテランの営業マン以上にしっかりと身についているものです。

なぜなら、良きにつけ悪しきにつけ、ベテラン営業マンになるほど、長年のうちにビジネスマナーを逸脱しない範囲内で自分独自の営業の型ができあがっていくため、典型的なビジネスマナーに比べると、やや崩れがちだからです。

これは、既存のお客様や業界知識がある方には良いのですが、新規の地域や客層にあたる営業の場合、当たり外れが出てきます。ゆえに、その不動産関連の会社では、新規をやる時間もないと言っていることもあり、下手に営業マンに電話でアポどりをさせるよりも、この機会に営業力を強化する観点からも、あたりをつける新規電話については、事務スタッフにやらせてみようと考えたのです。

いざ、やってみると、もう1つの効果がありました。事務スタッフは普段から営業電話を受けているため、どういう電話をすると相手から嫌がられないかを、並みの営業マン以上に理解しているということに改めて気づいたのです。

飲食・宿泊サービス業の老舗では、よく聞かれる話ですが、営業にも大きくわけて、**「先味（さきあじ）」「中味（なかあじ）」「後味（あとあじ）」**というものがあります。

この会社を指導する際は、営業をまったくやったことがない事務スタッフがやることを理解でき、何も特別なことをするのではないということもわかってもらうために、普段の生活で利用している親近感ある異業種のノウハウを応用しました。

まず先味で、スムーズに自社の商品を使う可能性があり支払い余力があるお客様を選別し、次に、中味で相手のニーズを探り自社の商品サービスやお互いの条件交渉をまとめあげる。最後に、後味で気持ちよく契約にこぎつければよし。それが難しかったとしても、いずれ時期が合えば取引できるよう縁を紡ぐ。

この先味、中味、後味は、どこかが突出してもいけません。

すべてが水準以上かつ、この3つのうち最低1つ以上は競合より上位にあり、さらに、一貫性をもって中断がないようにして、はじめて10年継続できる新規営業が整う会社になれるのです。

営業部門がやろうとしたができなかったような難易度が高いこと、あるいは営業部門が過去まったくやったことがないことを他部門にやらせてはいけません。

それは、全員営業でも、役割分担でも、適材適所でもないのです。単なる責任放棄でしかありません。

結果として、この不動産会社では、先味が競合に比べ劣っていたところ、競合ではマネできない仕組み作りにより、繁忙期でも継続して実施できる仕組みを整えたことで、営業力が年間を通して落ちなくなったのと同時に、ベテラン営業マンは自分の持ち味が発揮できる業務に集中できる体制を整えることができたのです。

仕組みでスーパー営業マンは作れなくとも、営業の限定された作業を分担することは、知恵と工夫を結集して仕組みを整えれば必ずできる。

新しい営業マンの採用は株式投資に似て、当たり外れがあるが、既存社員の活用は定期預金。確実に営業力の利息が増える。

02 営業の動きは足し算だが、結果は掛け算にこそ表れる

なぜ、営業マンを増やしても売上が増えないのか？

営業活動というのは、単に営業マンを増やせば数字が上がるというものではありません。

しかし、人数を増やすことで訪問数やお客様との接点は確実に増えます。

ゆえに、多くの経営者は、「営業マンを増やせば、売上が上がる」と考えます。もちろん、営業の仕組みと行動による効果性が把握できている会社や、多大な広告宣伝を利用できる余裕のある会社であれば、当てはまりますが、それ以外の会社では違います。

なぜなら、**営業が動いても数字が思うほど上がらない会社には、営業から契約に至るプロセスに、断絶（ブラックホール）が存在している**からです。

仮に、営業を担当する人数が増えても、営業の発端から最後までのどこかの部分が断絶していると、人数を増やすことで得られるはずの営業力もそこで吸収され、最終的に数字まで到達できません。

一般的な会社の営業部門では、営業職は次の仕事を行います。

■図表7　法人営業のプロセス

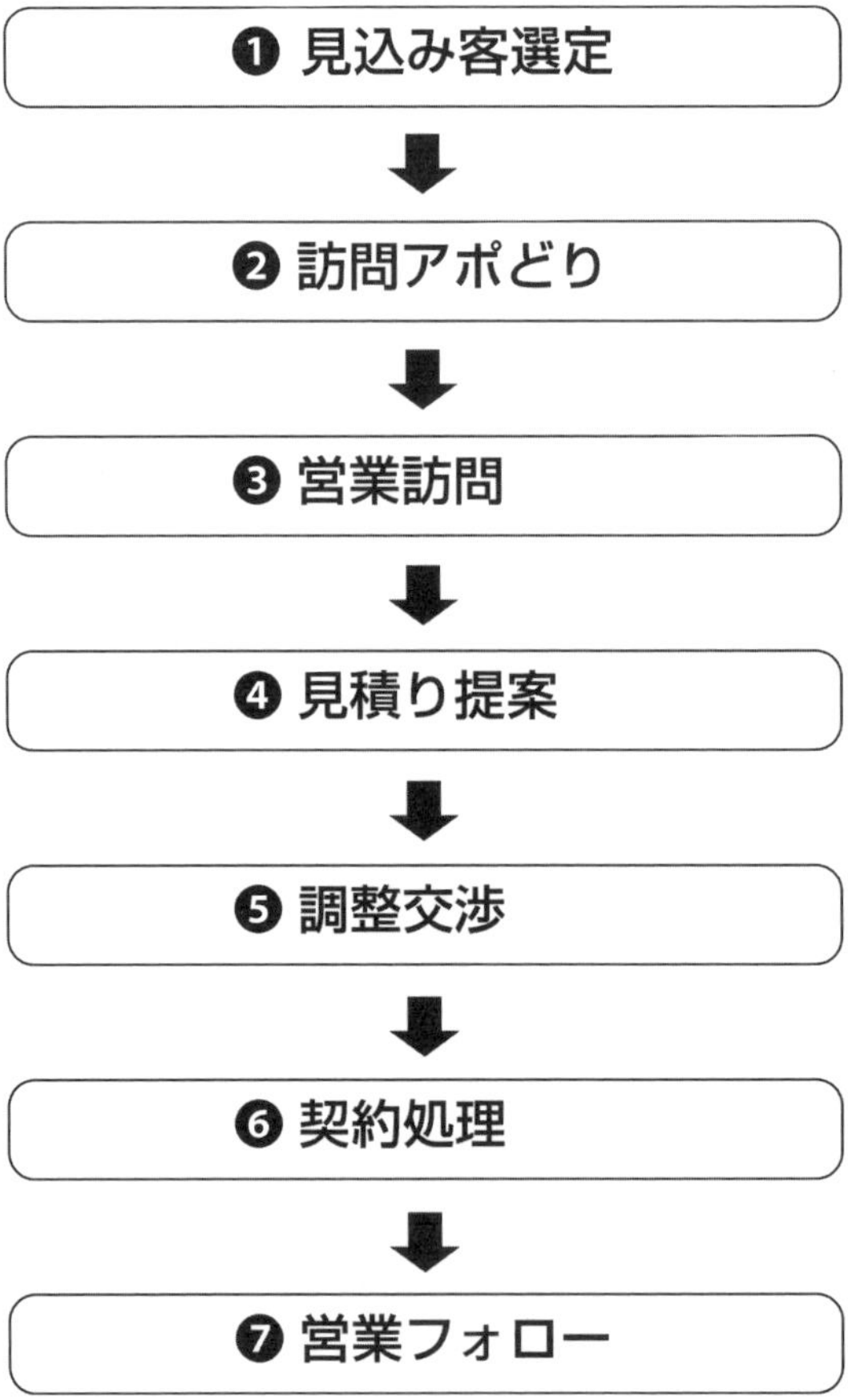

「①見込客の選定」～「②訪問アポとり」～「③営業訪問」～「④見積もり提案」～「⑤調整交渉」～「⑥契約処理」～「⑦営業フォロー」など、いわゆる営業の最初から最後まですべて営業部門がやっているのです。

「営業のプロセス上に断絶がある」というのは、一番わかりやすい例では、次のようなことを指します。いくら商品説明がうまくても、押しが強くて交渉力があっても、お客様に会えなければ、それをまったく活かすことができないようなものです。

営業において、特に新規営業においては、初回の「訪問アポどり～初回面談」という、最初の段階が最も難しくなる傾向があります。

そして、経営者が営業の動きにおいて数字で把握できるのは、初回訪問した後からの営業プロセスなので、営業組織と営業マンにおいて、最も能力差が出るところが把握できていないのです。

会社の看板と名刺を出せばとりあえず相手が一度は会ってくれる大企業出身の実績ある営業マンが、中小企業に転職するとまったく使い物にならなくなるのは、これが最大の要因です。

営業力強化をもたらす「量的側面」と「質的側面」の秘訣

無尽蔵に営業電話や飛び込み訪問できる見込先がない会社では、いくら人数を増やしてがんばろうが、一番最初の段階で、ずっと同じようにつまづいて立ち止まっている傾向があります。

いくら技術革新が進んでも、どんな時代になったとしても、法人相手の営業で億単位以上の商談であれば、一度も面談なく、インターネット上で契約のすべてが完結することなどありえません。

ゆえに、全員営業における営業力強化の秘訣を2つ挙げるとするならば、1つは量的側面からひもとけば、社内の他部門および外部の関係者による営業量の拡大ですが、もう1つは、適材適所と比較優位の考え方による質的側面の向上にあります。

❶量的側面

今までは、1人の営業マンが最大限動けたとして1馬力です。5人いれば5馬力が会社の全営業力でした。

しかし、仮に社員50名規模の会社で、全員営業を導入するならば、

営業5馬力＋α（他部門に支援してもらうことによる余剰力：他部門0・1馬力×50人）＝10馬力

が、会社全体の営業力になります。営業マンを増やさずとも、肩代わりにより、その力を倍増させることが可能となるのです。

❷質的側面

営業の最初から最後までの一連の流れは、いくつかの節目に分かれています。動く割に契約につながりづらい会社の営業プロセスは、必ずどこかに断絶が存在します。

法人営業の営業プロセスは、以下の流れになります。

「①見込客の選定」～「②訪問アポとり」～「③営業訪問」～「④見積もり提案」～「⑤調整交渉」～「⑥契約処理」～「⑦営業フォロー」

断絶が存在するのは、各項目のつなぎとなる「～」の箇所です。全員営業では、テコ入れにより営業プロセスの一気通貫の確立を目指します。これが質的側面の強化です。

この「**量×質**」の相乗効果により、ただでさえ、繁忙期や突発事項により、本来発揮されるべき人数分の営業力すら発揮できていなかった会社が、人数以上の営業力を、年間を通して安定して発揮し続けることができるように変化していくのです。

営業マンの数を増やす前に、売上が上がる戦略と方程式を見つけるのが先。

売上が上がる方程式は、営業プロセスにおける「量」と「質」の掛け算で考える。

03 営業マンの言い訳にもヒントが隠れている。逆手にとって仕組みを作れ

言い訳には「無視する言い訳」と「調査する言い訳」がある

営業が本気で取り組むようになると、現場や会議で「**工夫**」が出てきます。しかし、生半可な間は「**言い訳**」が出続けます。

経営者にとっては、**工夫と言い訳のいずれが出ているかは会社の営業部門を判断する１つの指標**となりえます。

「言い訳する前に考えろ、考えられないなら少なくとも、それで給料もらって申し訳ありませんと謝れ」と言いたくなる気持ちもわかりますが、毎回それを言ったところで反発か萎縮を生むだけなので、そこはグッとこらえて、別の道を探すことをお勧めします。

営業マンが数人～30人くらいまでの範囲であれば、経営者は、１人ひとりの顔と名前と実績が一致するものです。ゆえに、誰がどんな言い訳をするかによって、無視する言い訳と、調査する言い訳を区別すべきです。

あるサービス業の事例ですが、過去10年右肩上がりの状況が続き、経営者も成功体験し

か知らないため、いざ売上が下がり出すと、対処法がなく、叱咤激励をくり返すばかりでした。

営業マンは管理職も含めて、月2回の営業会議は3時間の間、嵐がすぎるのを耐え忍ぶものだというような状況でした。経営者からの「何かアイデアはないのか」という声に返ってくるのは大体次のようなものでした。

「他社に比べて、うちの料金は高い」
「よその方がマスコミに取り上げられて有名である」
「うちの会社の方が内容はいいのにそれが伝わらない」
などなど。

ここで、大概の経営者は次の手法をとります。「じゃあ、どうすればいいか次の会議までに考えてこい」というやり方を、しかも、何度も繰り返すのです。

冷静に考えてみてください。

「考えろ」と言って代案が出てくるようなら、次回か次々回の会議ですでにやっていると思いませんか？

２回続けてやっても代案が出てこなければ、少なくとも現時点では、思いつくだけの能力がないか、考えたくないか、代案はあっても今は言いたくないか、のいずれかです。

社外の関係者を営業の知恵袋に活用する

ゆえに、その会社では、私がお手伝いした際、次のことをやりました。

「社内でダメなら社外しかない」

つまり、その会社と利益共同体である人々を営業の知恵袋として活用する、という手法です。

税理士を筆頭に、経営感覚や営業経験のある士業や、求人広告やチラシを依頼している広告代理店の営業マン、営業実績のある金融関係者などを集めて、経営者と一堂に会して対策を練りました。

その検討案をもとに、「まずは、この通りに営業現場でやれ。やって上手くいけば評価する。仮に失敗しても、それは社長である自分の発案だから、どうなったかの顛末（てんまつ）だけは会議で正確に報告しろ」と。

結果として、今までにない新しいことを考え出せというやっかいな仕事と、仮に上手くいかなくても自分たちのせいじゃないという逃げ道が用意された営業マンは、それまでのストレスから解放されて、真剣に新たな施策を愚直にやり始めました。

それまでは、自分が回りやすい既存先ばかり訪問していた営業部隊は、そのことで、過去取引はあったがここ最近訪問が途絶えている先を軒並み回り始めました。それもそのはずです。

新規先に行こうが、既存先に行こうが、数字が上がらないと営業会議で怒られるため、自分が訪問しても快く迎えてくれる既存先に訪問した方がマシと考えて、そういう先ばかり訪問していたわけです。それが、しばらく取引が途絶えているため訪問時のストレスは多少あっても、会社が指定した先へ特定の商品を説明しにいく分には怒られなくなったのです。

３カ月のうちに、それまで社長が散々声をからして指示しても、全部回りきることがなかった過去数年間の取引先すべてに会社の重点商品の営業をかけることができ、後は現場の力量が不足している契約時の最終交渉は、経営陣が行う形で数字につなげていきました。

この例のように、**営業力は社内だけとは限りません。**営業現場で実際に動くのは社員が主体であっても、対応策や解決策まで何もかも社内に頼る必要はないのです。

お互いに利益を共有できる関係者であれば、普段の人間関係が良好であり、きちんと正当な報酬を支払いさえすれば、下手な社員よりも真剣かつ親身になってくれる場合があるものです。

もちろん、情報が外にもれたりしないよう、相談する人選は練る必要があります。

営業力は、社内とは限らない。工夫すれば社外も活用可能である。

社外の利益共有者は一蓮托生。条件次第で並みの営業よりも真剣に動く。

04
営業現場は戦場である。人数と資質で劣る中小企業は、現場で勝てる武器を与えろ

競合の営業力を把握していますか？

営業は短期でいえば戦いであり、勝者のみが売上を手にします。ゆえにやる以上は、勝たないといけません。称えられる敗者などスポーツの世界のみであり、そのスポーツの世界においても賞金や引退後の生活が保障されるのは、勝利の記録を積み上げた選手のみです。

社員のやる気や動機づけで現状をなんとかしようとするのは、戦略においては士気に該当します。しかし、実際に現場で最も効果が高いのは兵力であることは事実です。ゆえに、全員営業の仕組みが整っても、導入段階では、やはり大企業や知名度のある競合の方が、営業の優位性を持っています。

仮に、自社と競合が同じ商品力や資質であれば、まず兵力が多い方が戦いには勝ちます。全員営業の仕組み作りにおいて最初に考えるべきことは営業の断絶解消ですが、次に考えるべきことは、**勝てる地域や客層や商品があれば、そこに競合以上に営業マンを投下する**

ことです。

「いや、それができれば、苦労しない。そもそも、競合の方が営業マンの数が多いのに、それより多い人数を投入しろというのは矛盾しているだろう」

そう、言われるのはごもっともです。

仮に製造業であれば、100人規模の会社であっても、営業マンそのものは、多くて3割、場合によっては1割未満という場合があります。

では、よく見積もりで競争する会社がいるとして、果たしてその競合では、営業が何人いるかを把握しているでしょうか？　すでに10年以上競争し続けているのに、一番の強敵が何人いるかすら把握していないというのは、情報への感度であまりに後れをとっていると言わざるをえません。

「営業」という競争に勝ち続けるために、他社の営業力がどれくらいかを把握することは、自社の価格が高いか安いかということと同等以上に重要なのです。

業界で市場シェアも規模もトップ企業でない限り、2番手以降は、トップと比べると営業の人員でいえば少ないと判断するのが妥当です。

知名度で劣り、人数で劣り、ということであれば、それ以外で優位性を持たせるしかありません。

ここで大概の企業は、商品力を磨くことに走ります。

そして、こう言います。

「うちの会社は、商品力では勝つから一度使ってもらえればわかる」

しかし、それでは営業の根本的な解決にはなりません。

「一度使ってもらえればわかる」のが問題ではないのです。

「一度も使ってもらえていない」ことこそに問題があるのです。

このような場合に、営業戦略上、打つべき手としては、営業マンを鍛えてお客様との接近戦で勝つ手法よりも、**戦う以前に、まずは装備で優れることを目指す方が効果が高くなります。**

では、装備で優れている状況とは何か？

要は、使う前から、自社の方が良いということをわかってもらうための取り組みや、仕掛け、工夫です。

ある製造機器メーカーの事例

アポイントをとろうとしても、業界内での知名度が劣り、電話をすると断られることが多いので、近隣であれば、確率が低くとも仕方なく飛び込み訪問をしていました。

ある程度の確率で面談はしてくれるのですが、そこから先が進まず、仮に進んだとしても値引き要求が厳しく、利益が少なくなるのが問題でした。

営業現場を想定した模擬演習をやったところ、さすがに飛び込みでも時には面談にこぎつけるだけあって、応対も熱意もしっかりしています。

ただし、大きな問題が1つありました。

営業訪問時に相手に渡す資料が、名刺と会社案内と、数年前につくった商品パンフレット程度しかなかったのです。

「なんだ、そんなことか?」と思われるかもしれませんが、過去コンサルティングを行った中堅企業の9割近くが、営業マンには、名刺と会社案内と商品パンフレットくらいしか持たせていません。

しかも、その3種類も特に練られたものでなく、とりあえず10年前に作ったものを使い続けているということすらあります。

逆の立場で考えてみてください。商品説明を10~20分と聞いて、細かな内容や競合商品との違いなどを１週間〜１カ月たって相手が思い出すでしょうか？

また、面談相手がオーナー経営者でなくサラリーマンだったとき、契約までこぎつけようとすると、どんな流れになるでしょうか？

その面談相手が、商品内容や会社のことを上司に報告・説明し、上司が理解して納得して初めて、次の段階に移ります。

営業マンに会ったときの印象など時間の経過とともに薄れていきます。ゆえに、契約までの比較検討が必要な商品・サービスの会社であればあるほど、面談相手に社内で口を使って説明してもらうよりも、説明が一人歩きできる営業資料にこそ、営業のプロセスをもう一歩進める生命線が存在するのです。

この会社では、それに気づいてから、名刺・会社案内・主力商品のパンフレットを、面談相手の注意を引くものになるまで、作成を繰り返しました。

さらに、それだけではアピール不足だと考えて、「製造現場の見学会」や「商品活用による売上アップ事例の社内勉強会」などに外部の方を招待して、営業マンとしてではなく、案内者や講師という立場から、会社と商品のことを知ってもらう工夫をしました。

相手の会社の応接室で、訪問した営業マンが言うと、「どうせセールストークだろう」と思われていた話も、自社のテリトリーで客観的なデータをもとに、より中立的な立場や商品の専門家としての立ち位置で説明することで、伝わる内容も違ってくるのです。

競合より人数と知名度で劣るなら、装備と武器で勝つ状況を作る。

使えばわかるは負け犬の遠吠え。
使う前から自社の商品・サービスの良さが伝わる工夫をしろ。

05
武器を与えてから、戦場に出す前に、訓練するのは古今東西すべての戦略の常識

現場の営業マンは、御社の強みをちゃんと説明していますか？

頭で理解できたとしても、実際に現場でその通りやれるかどうかは別ものです。
知識も理論も把握しているのに、あれだけゴルフで思うところにボールが飛ばないのを経験しているのにかかわらず、いざ営業になると、経営者はそれをすっかり忘れてしまいがちです。

営業現場における一番の問題は、経営者が思うようなアピールを本当に営業マンはやっているのかということです。

ある会社で営業部門のてこ入れをする際に、実際に会社紹介と一番の主力商品の説明を社内でロールプレイ（実地演習）をやってもらいました。
営業所は除き、本社の営業部門の10名にやってもらいましたが、結果としては、それぞれ説明していることやアピールしていることがバラバラでした。
本人たちは普段通りにやっているので、「いや、こういう場面でいざ構えてやると難し

いですね」といった感想でしたが、経営者は愕然として顔色が変わるほどのショックを受けていました。

なぜなら、過去10年以上、経営者がお客様に伝えてほしいと考えている会社の強みを、営業現場では説明していないことを初めて知ったからです。

いくら窓口担当者に一生懸命説明したところで、その通りに管理職に取り次いでくれるとは限りません。中でも、管理職から経営者のところが一番のくせものです。

相手先の規模が大きくなると、営業マンが今までの商談で直接面談した人は誰一人として、経営者会議に参加しない中で、契約するかどうかが決裁されることさえ多いのです。

ましてや、新規契約で億単位にもなれば、ほぼすべてが営業現場ではなく、会議室で決まります。

新規営業では、会社と商品のストロング・ポイントを明確に表現

新規営業であればあるほど、相手の会社規模が大きくなるほど、直接、経営者に話ができない商談プロセスをたどるならば、詳細な内容説明や、あれこれ多くをアピールするよりも、少なくともこれだけは検討のまな板に載せてほしいという「会社と商品」のストロング・ポイントを２つに絞って（多くとも３つまで）、覚えやすい言葉で伝えられるところまで研ぎ澄ますことが必要です。

営業マンが10人いる会社であれば、１～２人増やすくらいなら、**「会社と商品」のストロング・ポイントを端的なフレーズで明確に表現し、営業強化したい主力商品について、今使っている営業ツールや説明プレゼンそのものを見直し、一言一句暗記して覚えさせるくらいまで徹底することが、最も売り上げにつながる訓練となります。**

極端な話、即座に億単位で売上が変わる可能性すらありえるのです。

貧弱な武器や武器なしで、教育訓練しても、所詮は畳の上の水練。

06 話さない、売らない、アポもとらない。営業三重苦をしなくていい究極の営業法

「良い商品・サービスなら検討してくれる」は、大きな誤解

全員営業が目指すのは、「がんばれば売上があがる営業」よりも、**「やることさえやれば売上があがる営業」**です

それには、営業力にでこぼこがあり「結果オーライ」となる営業組織ではなく、営業力を一定レベル以上に継続することのできる組織体制が必要となります。

営業では、コンサルティングセールス（お客様の相談相手）と言われる営業が効果的だという考え方が一般的になりつつありますが、業界トップ企業や少なくともトップ3に入っていない会社の新規営業の初期段階においては、相手先からいろいろ情報を得て、それから提案をするという営業スタイルは、世間で言われるほど効果的ではありません。下手するとマイナスにすら作用します。

初回の商談で、相手のこともよくわからないのに、真の情報を話してくれるはずがないですし、相手に合った提案する情報を得るために、1時間も時間をとってはくれないから

です。

コンサルティングセールスの最大の問題点は、ここにあります。

さらに、経営者も、ベテランの営業マンも大きな誤解をしている点があります。

それは、「良い商品・サービスなら相手が検討してくれる」という誤解です。

面談相手が経営者であれば、話を聞く時間をかける以上に、見返りが期待できる可能性があるならその通りです。しかし、相手が2年後に定年を控えた購買部長であればどうでしょうか？

良い商品・サービスよりも、抱えている仕事に余計な波風が起きない動きや、会社が得るメリットより、確実に自分に火の粉がかからない商品・サービスを求めがちです。

つまり、面談する相手によって、営業を一段階進めるスイッチが違ってくるのです。

相手が自分たちの会社の名前も聞いたことがないなら、最初の数分で、しかも立ち話で、「ちょっと上司に会わせてみようか」「もう少し詳しく話が聞きたいな」と思わせることができなければ、そこで終わりです。

それを判断する際、まず相手の心情の壁を超えるために、営業マンの言葉づかいや応対マナーにより、「**①会っていて心地よい相手**」、「**②自分の上司に粗相をしない相手**」かどうかが問われます。

同時に、仕事として対応するべきかどうかの壁を超えるために、「**③会社に話をもっていくだけのメリットがある**」、「**④仮に話を上げても、自分には火の粉がかかりそうにない**」かどうかが問われます。

この4点をクリアしないと、会社規模が大きくなるほど、あるいは高額取引になるほど、話が進まなくなります。

営業として考えるべきことは、相手の胸先三寸ではじかれるリスクを除外し、口で説明しなくとも、異業種の人にも違いが理解できるプレゼン資料ということになります。

ある商品卸会社の例

ある商品卸会社では、商談に時間をとってくれないこと、そして単発訪問でなく複数回訪問できるようにしたいということを考慮して全員営業の仕組みを整えました。

それは、会社独自のニュースレターを作成し、それを営業ツール化したのです。社外向けなので、社外報という方が理解しやすいかもしれません。

経営者は、最初営業マンに内容を考えさせてやらせようとしましたが、長続きしませんでした。営業部長以下、そんな時間はとれないし、どうやって作成すればいいかわからないというのが理由でした。

そこで、別の部署でＩＴに詳しい人と文章を書くのが好きな人を社内から発掘し、特定の時間、他の業務はしなくていいから、社外報を作ることに集中する仕組みを作りました。

当初は、試行錯誤しながらでしたので、手作り感満載でしたが、やがてどこに出しても恥ずかしくない立派なものになっていきました。

それとともに、営業マンが定期訪問および新規訪問時に、営業ツールとして活用していくなかで、既存取引先からは、「いつも読んでいるよ」「毎月楽しみにしている」という感想が出始めました。

また、営業部門からは、社外報があるおかげで、いちいち売り込まなくてもお客様の方から、「こういう商品ならうちもほしいと言われた」「訪問する時のネタを探さなくても済む」という声が上がるようになっています。

並みの営業マンに下手な雑談などさせるな。
語学で一番難しいのは、ビジネス会話でなく、普通の世間話なのだから。

紙媒体は、数千年に渡る情報伝達ツールの王様。会社は、話さなくても、売り込まなくても、見込客に一人歩きする究極の営業ツールを真剣に作れ。

事例 建設・不動産業では、2年で年商38億円が85億円へアップ

「全員営業」導入の経緯

売上の多くを、営業マン個人の人間力や力量に頼っている状況から一歩抜け出し、「営業マン」という人に頼るのではなく、会社組織として、営業部門以外を活用して既存客の営業フォローを役割分担する体制を構築したことにより、営業部門の新規営業への注力を創出。

紹介リピート数の激増とともに、営業地域内の取引シェアも急増に成功した企業にK社があります。

関西圏を拠点に展開している建築・不動産会社で、社員数100人足らずの同社では、従来、会社も多くの営業マンも、「新規開拓とそこからの売上」に焦点をあてた営業活動を行っていました。

「白い猫だろうが、黒い猫だろうが、ネズミをとるのが良い猫」という言葉が

あるように、こと営業マン個人にとって、数字こそが会社で自分の居場所を作ってくれる源泉です。ゆえに、大口の仕事や新しい売上に向かうのは当然の成り行きといえます。

しかし、行き過ぎた個人の能力や売上への過度の依存は、個々の成長は促進しても、営業部門としての力の結集や、営業組織としての成長につながるとは限りません。

ゆえに、K社では、新しく入社した営業部門の中途入社者が定着しないことと、今は業績がよくとも5年後に、今いるベテラン営業が退職した時のことが、経営者の悩みの種でした。

そこで、同社のT社長から、会社の業績が順調な今だからこそ、人が育つ営業組織および個人の力量に依存せず営業力を発揮できる組織への転換についての依頼がありました。

まりました。

課題

「中小企業における営業組織のマネジメントの問題点は、営業の深さよりも、営業の幅の狭さにある」というのが私の持論ですが、それはこのK社にも当てはまりました。

同社の売上の中身をつぶさに分析した結果、営業案件のとっかかりは、特に大きなものになるほど、まったくの新規先からのものより、既存先に関連して発生する場合が圧倒的に多かったのです。

にも関わらず、既存顧客に対しての対応やフォローは、各担当者に一任されている状況でした。

力量がある営業マンは、少々気難しくとも仕事がとれる先に定期的に顔を見せて関係性をつなぎ続けているのに対して、厳しい成績の営業マンは、訪問すると会ってくれる先を中心に回っていて、一度断られた先は「競合が入り込んでいるから」と放置しがちであるということが、数字として明確に出てきました。

しかし、これは何もK社に限ったことではありません。

「営業の仕事とは、自分で工夫したり、考えることだ」と、経営者や優秀な管理職は考えがちですが、小学校以来、答えが用意された問題を解くことに慣れてきた人に、「会社の仕事では、自分で問題を見つけて、その上、答えまで用意しろ」ということに無理があるのです。特に相手が、20代前半の場合は顕著で、人生で初めての経験かもしれません。

ゆえに、仕事の実務経験がなく、基礎知識もない人に、「考えて動け」とか「アイデアを出せ」ということが間違っているのです。

下地がゼロのものに、いくら数字を掛け算してもゼロにしかならないのと同じで、1000人あるいは数千人分の1を除けば、誰しも入社当初の素の状態だと営業の戦力にならないのです。

これは、昭和生まれであろうが、平成生まれであろうが、令和生まれであろうが、いくつもの業種の会社で、私が見聞し、実感した結果から導いた考察です。

それゆえ、K社では、営業マン個人に依存せず、組織として動かすことができる営業戦略と仕組みを、私も交えて検討した結果、3カ月後に次のことを導入しました。

具体的方策

それが、「既存顧客に対する施策」であり、「社外報（ニュースレター）の発行」です。

誰がやっても同じ営業の品質を保つことができ、会社として実施状況を完璧に把握することができ、かつ5年先を見据えても継続可能であることを考慮して、K社では、「社外報」を活用するという結論に至りました。

かといって、何もかも順調に進んだわけではありません。

一番の問題は、営業部門の誰も不特定多数の人に向けての記事や文章など書いたことがなく、掲載する写真や画像の処理ができなかったことでした。

ここで、さすがにT社長は、目の付け所が違いました。

多くの企業でありがちな、「営業部門が使うのだから、営業部門が社外報を作成すれば良い」と考えるのでなく、かといって、「社内の違う部門に最初から任せるのでは、営業部門も協力的にならず、かつ活用もされないだろう」と考えたのです。

そこで、会社主導で、全ての部門に告知し、協力・支援を仰いだのです。

もちろん「最初は営業部門でやろうと考えたが、作れる人がいないので助けてほしい」というニュアンスを営業部門からの声を交えてです。

社員が100名近くいれば、何かしら特技をもっている人が存在しているものです。

社内の他部門に趣味でブログをやっている人や、写真が趣味の人がいることがわかり、営業部門にまかせていると1カ月たっても全く作成が進展しなかったのが、あれよあれよという前に試作版が出来上がりました。

具体的成果

「社外報」の最大の利点は、発刊日から逆算した締切さえ守れば確実に実行できるということです。

基本は「今月号をお持ちしました」というやり方で訪問するのですが、急ぎの件や天候により予定外の事情が発生したとしても、郵送することが可能です（現在はホームページにも掲載）。

毎月定期的に、すべての既存顧客と見込客に接点を持つことが組織としてできるようになったことで、営業モレが一切なくなり（ここが重要）、リピート案件が知らないうちに他社に流れてしまうということがなくなりました。

それだけでなく、接点回数が増えることで関係性も深まり、他社の営業が足しげく通ってきていると「〇〇社が最近よく来るから気を付けた方が良い」と、わざわざ教えてくれるお客様も出てきました。

やがて、「社外報」が浸透するにつれ、新人営業の営業訪問時も「今日は何しにきたの？」と言われることがなくなり、訪問が苦痛でなくなったため、既存先や主要先の定期訪問が担当できるようになりました。

それによって生み出された時間を、ベテラン営業は難易度の高い案件や大口案件により一層割り当てることができるようになったのです。

結果として、同じ人数・同じ就業時間で、従来の数倍の顧客と関係性を持てるようになり、依頼案件が格段に増加しました。単なる組織的な営業の仕組み化ではなく、最初からそれを一歩進めて自動化に着手したこと、営業フォローをやりやすくするだけでなく、それを新規開拓にまで拡大し、必要準備を組織を構成する人員の力量に合わせ最適化して分担させたことにより、わずか2年間で約50億円の売上増につなげることに成功したのです。

第3章のまとめ

営業は人に任せても、人には依存しない

できる営業マンに育てようとしても、牛は馬のようには走れない。しかし、牛でも馬でも、営業現場で起こる現象や理不尽な経験の共通項は多い。その共通項の処方箋を会社が整えれば、仕事の適性そのものが低い人以外は、戦力へと変わる。

営業現場という戦場で勝ちたいなら、教育の前に、武器である

大半の会社が、営業現場という戦場に、数年以上も同じ会社案内と名刺だけで向かわせている。競合より知名度や人数で劣るなら、お客様と面談した際に使う武器（営業ツール）の工夫こそが最優先である。工夫次第では、武器が一人歩きを始める。

営業の動きは足し算だが、結果は掛け算で出てくる

営業活動の進捗は、時系列に沿って前に進むので足し算のようだが、途中まで良くとも、どこかで失敗や断絶があれば、いきなりゼロになるのは掛け算に似ている。ゆえに、営業プロセスの一部ではなく、最初から最後まで考慮された仕組みが必要となる。

第4章

「全員営業」5つのノウハウ その4

『売上を目指すな、
縄張りを増やせ』

1年単位で売上を追う営業から、
毎年売上が積みあがる営業への転換

01
売上には、「真の売上」と「ウソの売上」の2種類が存在する。

「真の売上」と「ウソの売上」

営業を何のために行うかはお客様作りであり、その結果として売上・利益が生じます。利益こそが営業の上位に位置する経営の通信簿なので、重要視せねばなりません。

しかし、経営者は、利益があがったからといって安心してはいけません。売上があってこそ利益が発生するわけで、長期的には、売上を伸ばすか、一定以上を確保しない限り、会社経営は先細りのじり貧になるからです。

ここで厄介なのは、**売上には「真の売上」と「ウソの売上」が混じっているということ**です。

「真の売上」とは、**会社や営業部門が方策を練り、計画した通りに上がった売上**です。いわば、主体的に生み出し、営業の実力が反映されたものであるため、同じ営業部門や営業マンによる再現性があります。経営者としては、取引先と市場の環境が変わらない限り、来年も見込める売上です。

一方で「ウソの売上」は、**会社や営業部門の方策に関係なく、お客様の都合で産み出された売上**です。また、営業マンにおいては、本人ではなく前任の担当者の引継ぎや、上司から付け替えられた数字を指します。受動的かつ自己の動きに関係なく上がった売上であるため、仮に来年も同じ状況であったとしても再現性があるかどうかは未知数です。

経営者や営業部門を預かるマネジャーは、上がってきた売上そのものは称賛しながらも、その売上が前記２つの種類のうち、どちらの種類のものかを把握することが常に目標を達成し続けるために必要不可欠です。

近視眼的に「とりあえず売上が上がったから良し」とする経営感覚の怖さはこの1点にあります。

「結果オーライ型」から「結果蓄積型」の営業へ転換

経営者も営業部門を預かるマネジャーも、そして現場の営業マンも、「売上が上がっているのに精神的に疲弊する」という場合の最大の要因は、「果たして、来年は大丈夫なのか？」という不安にあります。

そのような営業組織には、1年単位で売上を追う結果オーライ型から、毎年売上が積み上がる〝**結果蓄積型**〟への転換をお勧めします。

その転換を実現する秘訣は、売上数字を最終目的にするのではなく、〝縄張り作り〟を最終目的にする営業組織の構築にこそあります。

この縄張りには、営業戦略でいえば3つあり、営業現場でいえば同じく3つあります。

経営戦略上は、3つすべては無理でも、少なくとも1つは狙って増やせる縄張り、競合に勝てる縄張りを持てる状態にしないと儲け続ける営業組織にはなれません。

以下、一つひとつ具体的に説明します。

02 売上ではなく、縄張りを作る営業メソッド３×３

営業戦略上の3つの縄張り

❶ 商品

1つ目は、まず商品です。会社が売りたい商品をお客様任せにせず、主体的に重点商品を設定し、それを営業して広げていくということです。当たり前のようで、中小企業の多くは、意外とできていません。

その証拠に、縄張り作りが明確でない営業組織の営業スタイルは、お客様のところに営業に行ったときに、「うちの会社の商品は、これこれです。何か欲しいものはありますか?」という話の進め方をしています。

一方、縄張り作りの営業は、極端にいえば、「御社の会社（業種）には、これがお勧めです。なぜなら……」「うちの会社の商品に変えていただければ、これだけ具体的なメリットが出ます。実際の事例としては……」というスタイルになります。

なんでもかんでも売るのではなく、あくまで何を売るかが明確であり、その売上数字を計画的、主体的に上げる営業組織の構築です。

■図表8　縄張りを作る営業メソッド3×3

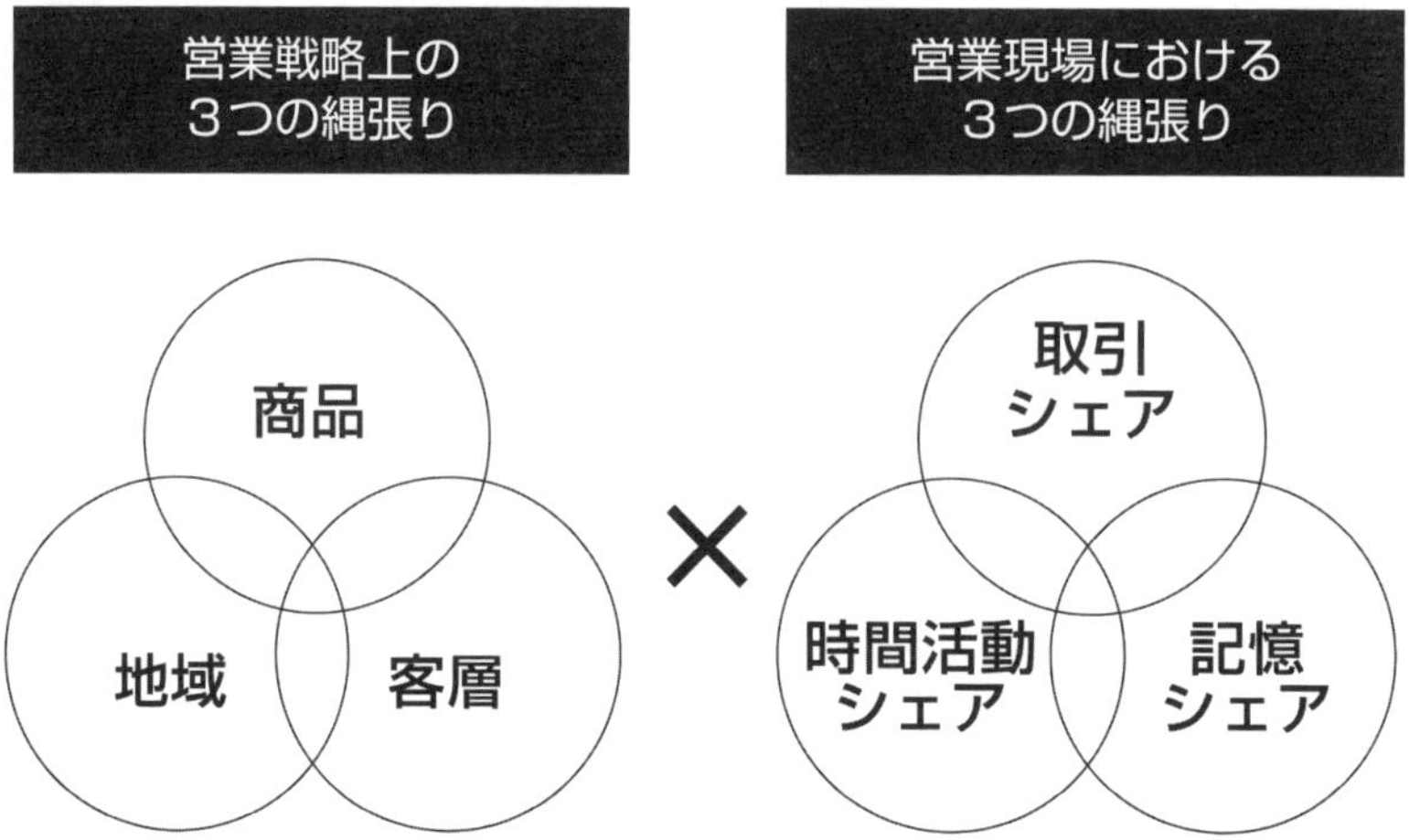

「新規取引先はこの商品から勧める、新人はまずこの商品を覚える、今期はこの３つを重点商品とする……」と決めて、単に取引先と営業マンに売上を張り付けるのでなく、その売っている商品において、お客様が購入する比率（＝お客様内の商品売上シェア）をいくらまで上げるかという営業の進め方を指します。

営業の縄張り作りは、まずは商品から考える。

❷ 地域

2つ目は、地域です。商品では圧倒的な強みは出てこない場合や業種によっては、競合とほぼ同じ商品で戦う場合もあります。また、自社の人員規模や、商品特性によって、営業として動ける地域は限定されてきます。

ゆえに、商品の次に考慮すべきは、縄張りとして営業地域を決めることですが、ここで求めるのは単に訪問可能な地域ではありません。

縄張りとして強化したい地域においては、競合より訪問頻度を週1回多くし、取引している会社の割合を現状より20%アップさせるといった縄張り作りを指します。

見落とされがちですが、**「取引先が近い」**というのは営業における相当な強みです。

たとえば、労働集約型の会社なのに半径15分以内の取引可能な見込客を獲得できないようでは、隣の県の見込客をほしいと考えても、競合とまともに戦って勝てるはずがありません。

商品で差別化するのが難しい、あるいは商品だけで押すにはマンパワーが不足している会社、労働集約型の商品サービスの会社や、どうしたってアフターフォローが必要な会社であれば、**「圧倒的に強い地域があるかどうか」**が売上における生命線となることが多いものです。

会社に近い範囲で強い縄張りを作ることができれば、1時間当たりの営業生産性さえ変わってきます。〝縄張り〟という言葉が指し示すように、**中小企業においては、この縄張りを作り、そこから横展開していくというのは〝基本中の基本〟**と言えるのです。

営業の縄張り作りは、地域を決めて動く。

❸ 客層

３つ目は、客層（新規事業は業界も含む）です。商品数が相当多い場合や、流通の発達により地域に限定されない会社は客層で縄張りを作るのが効果的です。

仮に、商品と地域に強い縄張りがすでにある会社においても、収益性を高めるには、客層における縄張りは欠かせません。

一言でいえば、**自社の強みが最も発揮できるお客様かつ、お互いに取引上のメリットが最大化できる客層を具体的に定義できるまで、仮説を立てながら模索して形づくれるかど**うかです。

売る商品が決まれば、何を情報として説明すれば良いかは判断がつきます。

しかし、相手が経営者か会社員か、男性か女性か、年配の60代か若手の30代か、機械部品の製造業か高層ビル中心の建設業か…などによって、使う言葉や相手に刺さる言葉は違ってきます。

営業とは常に、自社とお客様と競争相手との相関関係の中で決定されるものであるため、客層における縄張り作りを模索することは、営業現場における交渉や調整にも関わってきます。

さらに、この縄張りを明確に選定できれば、利益率とのバランスを把握できる場合があります。そうなると、少人数で全国展開する場合や、どんな中途の営業マンを採用するかといったリスクを抑えることも可能となってきます。

営業の縄張り作りは、客層（業界）により固まる。

営業現場における3つの縄張り

❶ 取引シェアの縄張り

経営者や営業部門のトップにおいては、前述の営業戦略における３つの縄張りを作っていくことが、毎年売上が積み上がる営業には必要です。そして、実際に現場で動く営業マンにおいては、面談するお客様における３つの縄張りを広げることが目指すべきこととなります。

営業を進める際には順序が逆になりますが、一番わかりやすいものを最初に説明すると、**「取引シェアの縄張り」**です。

自社と相手先との間の売上と、それが相手の特定商品・分野における全取引数字の中でどれくらいのシェア（割合）を占めるかということです。

単に売上金額だけでなく、順位と比率を把握し、順位では1位。比率では25〜30％以上、その両立を目指す縄張り作りです。

これは、2〜3年お付き合いしているお客様であれば、ある程度把握するのは簡単です。信頼関係さえあれば、訪問時に質問すれば普通に教えてくれますので、詳細の説明は省略します。

通常の営業強化をやっていれば、見えてくる縄張りと言えます。

取引シェアの縄張り確認と強化は、基本中の基本。

一方、これから紹介する他の2つのシェアを考慮して営業現場を強くしている会社や営業組織は、営業マンレベルでは現時点ではほぼ皆無と言ってよいでしょう。

❷時間活動シェアの縄張り

2つ目は、お客様の**「時間活動シェアの縄張り」**です。

営業マンといっても、営業活動ばかりやっているわけではなく、会議や書類作成や訪問移動をしている時間があるように、営業マンが面談する相手にも、社内の打合せや会議や事務処理や出張などがあります。

見込先・取引先の面談相手が、意識するかしないに関わらず、必然的に会社外部の人に使える時間は限られているということです。

相手の役職が上がれば上がるほど、仕事において関わる人数や業務は増えます。営業マンにとっては、営業活動こそがメインの仕事ですが、相手にとっては、それはごく一部であり、その種類の仕事で関わる数人のうちの1人にすぎないかもしれませんし、新規取引の見込先であれば、これまで会ったことすらない人かもしれないのです。

そのような中で、「役職が上の人＝取引の決裁権を持っている人」ほど、また仕事ができて社内で影響力がある人ほど、暗黙の内に、外部の営業マンでこれくらいの関係の人と会うなら、このくらいの時間までは使ってもいいという基準値を持っています。

そして、その限られている時間の中で、必要度が高いものから順に、必要度が高い人から時間を使います。

結果として、それほど重要と思わない人や関係性が低い人には、会おうと思っても会う時間が消去法的になくなってしまうのです。

営業現場で特に、既存先との営業においては、相手が営業マンと関わる仕事において、その類において外部の人間とどれくらい時間を使っているかを把握し、自分と会う時間を増やすようにすれば、必然的に競合の営業マンの営業力を削いだり、新規参入を無力化できるということにつながっていくのです。

しかし、ここで重要になるのは、単に自分と会う時間を増やしてもらうことではありません。

その会っている時間が有意義か必要であるかを感じてもらう必要性があるのです。

従来、単に定期訪問で行って顔だけ見せて帰る営業が必要ではあっても、それだけでは仕事がとれなくなっているのは、ほぼすべての業種・会社で人数も仕事も効率化され、一人あたりの仕事が増えて、営業マンに使える時間や、今よりも良い新しい取引先や仕入先を見つけようとする時間そのものが少なくなっていることが要因となっています。

ゆえに、**「この人に会うと新しい業界の動きを教えてもらえる」**とか、**「会って話をすると新たな気づきを得られる」**といった人にしか、時間シェアの縄張りは増えていかないのです。

新規営業の難しさは、ここにあります。従来よりも少ない時間で、その価値を感じてもらう工夫が必要になっているのです。

しかし、これを仕組み化し続けることができれば、新規取引の突破口ともなり、強固な取引シェアを持っている競合があったとしても、その先がトラブルを起こしたり、担当者が変わった際、自社の優先順位を上げておくことで、取引逆転の糸口につながっていくのです。

これは、相手に質問しないと、どれくらい時間をとっているかの仮説すら成り立ちません。何人くらいの営業マンと会っているか、1回あたりどれくらい商談しているかを営業訪問した際に質問したり、自社との商談から仮説を練り、全体の時間を想定することになります。

時間シェアの縄張りが、取引継続を固める。

❸記憶シェアの縄張り

営業現場における3つめの縄張りシェアは、**「記憶シェアの縄張り」**です。

記憶シェアに至る前に、時間シェアがないことには記憶は産み出されないので、最後に挙げていますが、特に新規先の獲得においては、この記憶シェアの縄張りこそが重要です。営業する相手の仕事の根幹に直結する商品・サービスを扱っていない限り、商談している相手の中では、残念ながら自社の商品・サービスのことは普段は記憶から薄れてしまっていて、本来の担当業務のことや、会社・上司から指示されたことに記憶の容量が取られています。

年に1回里帰りのときにしか飛行機に乗らない人は、その1回しか航空チケットを手配することを考えませんし、サッカーに興味ない人であれば、4年に1度のワールドカップも日本が出ているときでないと気にもとめません。それと同じことが、自社の商品・サービスと、営業相手の購買頻度によっては、相手の中にも起こっている可能性があるかもしれないということです。

そのため、1カ月ぶりに訪問して「この前、ご説明した様に……」といったところで、何を説明されたかを思い出すのに時間がかかるどころか、すっかり忘れてしまっていることさえあります。

新規の営業であれば、1回会っただけで、相手の記憶のうち、その商品・サービスにおいては、どかんと容量を抑えるだけの仕組みや仕掛けが必要ですし、既存先でいえば、時間シェアと連動して、忘れられない頻度で記憶シェアを書き換えたり、掘り起こす回数を設ける場合が必要かもしれないということです。

営業マン個人に、自分の仕事や目標があるように、面談している営業先の相手にも、その人固有の仕事があり、事情があり、目標があるということです。

相手の記憶シェアにおいて、2位以内に入ると、すべての取引をする段において、確実に営業候補として検討のまな板に乗ることができます。3位以内に入れば、新規先で取引がなかったとしても、決裁や予算上の余裕がある場合に、検討する候補に入る可能性があります。

もし、営業相手が、自社の関係する商品・サービスで見積もりをとったり、社内で検討しようとする際、複数候補がある中で、記憶で思い出される順番で、5位や6位であれば、名刺と電話番号を探すだけでも面倒くさくなり、会う段の日程調整を考えただけで、はじかれて連絡もしてくれないものです。

この記憶シェアで上位にいないと、見積もり確保のモレやムラが出てしまい、それが結果として、「あと1週間来るのが早ければ、検討したのに……」ということが起きる原因となってしまっているのです。

しかし、この記憶シェアだけは、相手に質問しても回答は出ませんし、答えてくれたとしてもそれが真実とは限りません。普段から相手の記憶に残るために、「印象×回数」の接点強化の仕組みを整えておくことしかできないのです。唯一、見積もりをとったのは何社かにより、仮説だけは成り立ちます。

記憶シェアの縄張りが、見積りの増加を生む。

03 経営者が「売上をコントロールできる」会社経営3つの秘訣

売上に潜むリスクと未来への対処

全員営業の導入は、売上アップに効果を発揮します。その場合に実施するのは、すべての社員を営業戦力化することで、現有戦力の営業力を最大化する仕組みを作り、その仕組みを定着させることにあります。

しかし、全員営業の真骨頂は、そこに留まらず、売上アップした状態から、いわば**儲かっている会社を儲かり続ける会社に進化させる**ことにこそあります。

ここで重要になるのが、会社と営業組織においては、売上が上がることに満足せず、売上に潜むリスクと未来への対処です。経営者個人においては、年収2000～3000万を超えるあたりから出始める遊び癖と怠惰心です。

経営者個人の教化指導については、私自身がまだまだ人生未熟で語る資格はないため、本書では、会社と営業組織における対処法に絞ってお伝えします。この対処には、3つの秘訣があります。

■図表９　会社経営３つの秘訣

❶「見分ける」
会社がコントロールできる売上とできない売上

❷「集中する」
売上が増える縄張りと利益が増える縄張り

❸「管理する」
売上に潜む経営リスクと営業リスク

秘訣①「見分ける」　会社がコントロールできる売上と、できない売上の違い

ある国のトップが語った言葉に次のようなものがあります。

「黒いネコだろうが、白いネコだろうが、ネズミをとるのが良いネコである」

売上も、そうです。計画して意図した売上だろうが、よくわからないが増えた売上だろうが、計上できる売上に変わりはありません。

重要なのは、積み上がってきた売上の中から、会社の営業力により生じた再現性のある売上と、再現性の低い偶然の売上を把握して区別することです。

営業会議や日報における報告で吟味すべきことの1つに、この**「見分ける」**ということがあります。

最もわかりやすい例は、営業マンが訪問し、ヒアリングにより提案や見積もりをまとめ、それを説明して取引につながった売上です。あるいは、計画通りに営業の定期訪問を続けて、折に触れ情報収集や提案を実施したことで、リピート取引につながった売上です。

一方、仮に同じ会社で売上が1億円から2億円に増えても、特に提案の働きかけをしたわけでなく、見積もり依頼も相手から出たもので、内容も相手の言うままに作成し、売上が急に2億円になった理由や自社に決まった理由が不明なままであれば、相手任せの売上です。

売上として計上はできても、来年も同じ提案をこちらから相手に提出できるでしょうか？

このような売上は、自社がコントロールできない売上ですし、数字は上がっても、営業力が上がっているわけではないのです。

「会社がコントロールできる売上」とは、前者のように主体的に働きかけることで案件の芽が出て、打合せや交渉で提案の価値を高められた売上に潜む営業要因を分析し、仮説を立てつつ、別の取引で検証しながら磨き上げたものだけです。

売上が右肩下がりの会社は、この「会社がコントロールできる売上」が、ゼロあるいはそれに近い状態であることが多く、売上が上がっていても、それは景気やお客様次第で自社でコントロールできるわけでなく、営業マン個人の活動の集積でのみ成り立っている状態です。

つまり、売上の成り立つ要因や型が不明確なままの会社です。

まずは、「これだ」という売上があがる仮説を構築し、1つでいいので成功した型を生み出すことです。「ゼロ」と「1」との間には、天と地ほどの隔たりがあります。

産み出したものが1あれば、それに何かを加えたり、行動数を増やすことで倍加させることが可能となります。その1が2や3になれば、次の展開へと移ります。

何よりも、**自社で考え出した方策で、小さくてもいいので成功例を1つ創り上げる。**これは、営業組織そのものの意識と自信を一気に変えるほどの力を持つ場合すらあります。

狙って上がった売上しか、コントロールできない。

秘訣②「集中する」　売上が増える縄張りと、利益が増える縄張りの違い

会社経営、特にオーナー会社では、売上と利益があがれば、どっちにしても「経営者＝オーナー株主」にメリットがあるので、売上が上がろうが利益が上がろうがどっちでもいいということになりがちです。

しかし、本来、利益が上がらないことには配当は増えないので、株主の立場でいえば、利益が上がる経営をしてもらわないとメリットがありません。大企業で雇われ経営者がすぐコストカットに走るのは、短期的に効果が出やすいという理由もありますが、株主優位の経営をしようとするなら利益が増えないと話にならないからです。

ただ、日本の中小企業の場合、圧倒的にオーナー経営者が多いため、売上が増える経営と、利益が増える経営のバランスをとるか、双方を同時に達成する経営をする必要があります。

それには、売上が増える縄張りと、利益が増える縄張りの違いを理解しておく必要があります。このことは、売上をコントロールするしないに関わらず、会社経営を強化し、強化した状態を続けるために必要な秘訣です。

営業を強化することの本質は、会社の状態を拡大することにあります。

たとえば、営業マンを増やす、営業現場でのセールストークや応酬話法を練る、電話応対やマナーを強化する、広告を増やす…などなど。

ゆえに、売上は増えます。しかし、もともとの利益性が高まっているわけではありません。一方で、何か施策をするたびに、人件費や教育費、広告費が増えます。増えた経費を吸収する以上に売上が増えない状態が「増収減益」です。そうなると、営業力は増えても、経営力としては弱体化していると言えます。しかし、お客様を増やす型や、運転資金そのものは増えるので次の手が見えてきます。

一方、**利益を強化することの本質は、会社と競合との違いを産むことにあります。**たとえば、他社にない商品や性能、競合が進出していない独占地域、取引規模も多く支払いも安定した大手の取引先…などなど。

前項で挙げた、営業戦力上の3つの縄張りである**「商品」「地域」「客層（業界）」こそが、利益を生み出す本質**です。この3つの縄張りを無視して、営業だけ強くしようとするから、売上は増えたのに利益が増えないのです。下手すると利益率が下がっているというのは、経営を全体としてとらえれば至極当たり前のことなのです。

利益をあげたければ、「商品」「地域」「客層」のいずれか、あるいはすべてに手をつけ、売上を上げたければ、「新規営業」「リピート営業」のいずれか、あるいは両方に手をつける必要があります。

しかし、経営資源が限られている中小企業では、これら５つを同時に行うと全部が中途半端になります。ゆえに、まずは、１つか２つ、多くとも３つに絞って集中して取り組みます。その目途がつけば、他のことに手をつけるというのが、回り道のようで結果的に最も近道かつ生産性が高くなる方策と言えます。

秘訣③「管理する」　売上に潜む経営リスクと営業リスクを管理する

売上と利益を上げるためのコントロールでいえば、全員営業により会社と業績を強くする第一段階の1～2年は、前述した秘訣1と秘訣2で十分対応可能です。

しかし、会社には、上り坂のときと下り坂のときと、まさかのときがあります。その「まさか」のときに対応しようとするのに、この秘訣3が必要となります。

仮に、売上をあげる全員営業の仕組みが整い、会社の経営戦略上、利益を生み出す要因も対処できたとしても、経営リスクと営業リスクをゼロにはできません。

全員営業における経営リスクとは、一言でいえば、**「全員営業を構成する人もいずれは変わる」**ということです。

なにしろ、年齢と白髪はほっといても増えるので、努力も工夫もいりません。

ゆえに、会社にいるすべての人が、必ず来年1歳年をとります。

過去のコンサルティング経験上、平均年齢が35歳を超えて40歳に近づくにつれて、新しいことをやろうとする度合いが減少します。

会社を構成する人の間に、仕事と業界経験が増えることで業界のやり方に染まったり、仕事に慣れる一方で新しいことを試そうとする意欲減少や恐怖心が出るのか、同じメンバーで同じお客様と同じ仕事の内容が続くことで、思考や興味の幅が減るのか、会社と個人によって理由は様々ですが、経営者が率先して新たな取組や施策をやろうとしない限り、去年と同じ来年が続く会社に陥ってしまいます。

また、５年〜10年先を考えると、営業部門の責任者が定年を迎えたり、第一線を退く時期がやってきます。

この２つの経営リスクへ対処し、優れた仕組みであり続けるためには、現場と時代に合わせた追加機能や微調整が欠かせません。ゆえに、**全員営業を導入するには、経営者はコンサルタントに丸投げするのではなく、「経営」と「営業」と「組織」という三位一体の本質と内容を理解する必要がある**のです。

もう一つの営業リスクについては、２つの要因があります。

一番大きな営業リスクはお客様の喪失です。いくら人間関係が良好で、営業上の問題がなかったとしても、お客様の都合で廃業や合併ということがないとは言い切れません。

「もし、会社で一番の取引先の売上が、来年ゼロになったらどうしますか？」

「相手の会社の急な代替わりで、後継者が仕入れ先を全部見直すと言ったら？」

絶対にないと言い切れますか？

逆に言えば、今つきあっているお客様と今後50年先まで付き合っている保証や契約は、創業30年の会社であれば、そもそも存在しているのでしょうか？

日本の企業のうち、創業100年以上の会社は2万社以上あるという統計があります。逆にいえば、300万社以上あるうち、1％もないのです。業種別でみれば、さらに低い数字になるでしょう。

世界地図を見ても、仮に30年前（1989年ベルリンの壁崩壊、1991年ソ連崩壊など）なら、日本と北米大陸以外は別の時代の地図です。国家でさえ変わるのです。企業においては言わずもがなです。

売上トップの会社との取引がなくなったら？

これには、**自社の売上構成のバランスをとるのが最も効果的**です。某大手機械部品メーカーでは、部門・営業所において1社が売上20％を超えるのを原則禁止し、それを超えるようであれば、他の取引先の売上をあげることで相対的に下げるか、それが無理なら、最悪取引がなくなってもいいとの覚悟で新たな売上を断ることまで徹底して、売上アップと営業リスクのバランスをとることで、その業界では日本で一二を争う超優良利益体質の企業へと成長していきました。

一方、もう一つの営業リスクは担当者にとってのものです。それは、相手の担当者の異動です。

一定規模以上で、複数の地域や支店にまたがる大手企業になれば、2〜5年に1回人事異動があり、10年単位で昇進による組織変動があります。新規営業上はチャンスですが、既存営業上はリスクです。

ゆえに、今は若手の相手だからと横柄な態度をとったりせず、人事異動がある時期は訪問を増やしたり、後任の人にはきちんと挨拶をするなどの対応が必要です。忙しいからといって挨拶のタイミングを逃したとき、相手がどう思うかは相手次第で、後の祭りです。

どんなにコミュニケーションがとれているかといって、年に1回訪問するかしないかであれば、いつの間にか相手の担当者が変わっていることさえあるのです。新規先であれば、取引ゼロなので、また一から営業をやればいいでしょう。最悪今までの営業努力がなくなるだけです。

しかし、既存の取引先については違います。**「ダメだったから取り返せばいい」との考えは甘い**のです。同じ担当者同士で、何らかの齟齬があって取引が切れた場合、新規の案件獲得以上に数字をあげるのが難しくなるからです。

普段は同じ商品で個数が変わる取引が、もう10年近く続いているからと安心して、年1回行くか行かないかで放置していると偉い目にあうかもしれません。特に、地方の企業で大手相手の仕事が多い企業や、人間関係で仕事をとる風習が多分に残っている業界の企業は、折に触れて定期的に直接訪問したり、それが難しい場合でも、季節に1回は邪魔にならないよう手紙を送るなどやっておくと、随分と違いが出てきます。

狭い業界や地域密着の営業ほど、一度関係が切れると厄介。

事例

電子部品メーカーでは、1年で年商95億円が159億円へアップ

「全員営業」導入の経緯

取引先の専門知識や商品知識が上がってきたことにより、従来の足で稼ぐ営業だけでは厳しくなってきた営業現場を踏まえ、営業部門と研究開発部門が連動した営業体制を構築。技術力をアピールできる営業現場と価格交渉力の強化を同時に実現することで、お客様評価とともに、売上アップを実現。

東日本を中心に、電子部品メーカーとして活躍しているのがS社です。社員数は、200名近くに成長し、取引先も安定していますが、メーカーという特性上、まず商品開発による先行投資が必要であり、営業中心の会社とは違い、取引可能な見込先数も限られています

取引先数に特化したものの会社経営の典型例は、大手メーカーの100％子会社です。ある意味、上から仕事は降りてきます。

しかし、「親亀こけたら、皆こけた」となります。

一方で、独立系のメーカーは、独立独歩ではありますが、一番上流工程にいればともかく、「いざ」というとき、他社の売上があるとはいえ、取引上の力関係としては、より上位の製造メーカーに従わざるをえません。

ゆえに、常に価格競争と、時に理不尽な依頼に悩まされ続けます。

S社のN社長は、それに10年以上悩まされてきました。

さらに年月を重ねるごとに、インターネットの発達や様々な技術革新により、専門的なメーカーの担当者と、製造メーカーの担当者との間の知識量の差がなくなり、相手によっては、仕事を依頼する製造メーカーの方が知識も経験も上という状況が増えてきたことで、これまでの営業のやり方が通用しなくなりつつあることに、より一層の危機感を覚えるにいたりました。

課題

そこで、私に依頼がきました。内容は、次の2点でした。

「仕事の発注元と5分5分の関係は難しいが、4分6分の関係は作って維持したい」

「いずれ今までの営業が通用しなくなる。会社の強みを活かし新たな営業を整備したい」

売上だけを追うのであれば、短期的には値下げが最も安易な手段です。

しかし、そのやり方は、会社の利益率を低下させるとともに、安いから使われる会社へと自らを貶めることになります。

S社のN社長と取締役を交え、会社の理念や創業からの歴史や経緯も含めて検討した結果、今後30年先の大計を考慮して、事業の本筋に基づいた経営強化と営業強化を実施することに決定しました。

それは、「他社と金額だけを他社と比較すると高くとも、商品価値で相手の期待を超えることで、他社の一段上をいく会社作りとそれが伝わる営業体制の整備」でした。

しかし、言うは易く行うは難し、です。

まず前提として、市場において取引見込先が少数かつ今後も増える見込みが少ないならば、攻めを強くする営業以上に、守りを強くすることが先決です。

万一、現在ある取引先を1社なくすと、それをカバーするだけの違う先を見つけるのは大変だからです。

ゆえに、S社では、営業スキルの全体的な底上げと同時に、開発力の強化に着手しました。

商品開発そのものは専門的な技術分野となります。しかし、その開発の出発点で、設計図となるのは、営業段階での情報収集や交渉調整です。

その業務は、S社では、従来から営業担当者の役割ですが、競合他社によっては、あえて営業担当者をおかず、技術者そのものが営業を兼務している会社も存在していました。

これは一長一短があるのですが、細かな仕様や技術要件の調整だけを見ると、やはり技術経験や専門知識が高い人同士の方が、話はスムーズです。

具体的方策

そこで、S社では、商談のプロセスの一部や一定の状況において、営業担当者と技術担当者が同席して実施する形を新たに設けることとしました。

個人相手の営業では、お客様のニーズは多種多様ですが、こと法人相手の営業では、大きくとらえるとニーズはもとより、交渉調整が必要なところは共通項が見いだせることが多いのです。

ゆえに、従来の営業体制の強み（商品仕様と価格調整、製造締切時と定期訪問など）を残しながら、より専門的な情報取集が営業段階でできるように、営業部門の専門知識と技術分野の底上げも同時に目指しました。

過去に携わってきた製造業では、営業部門と製造部門の仲が決して良好とは言えないこともありました。

それは、業績について、営業部門は「うちの商品に理由があるから」と言い、製造部門は「営業の力が足りないから」という発言が生じるのを、状況的にも経営的にも許しているからに他なりません。

しかし、本来戦わないといけない相手は、一番は競合他社であり、二番は、時に味方とも敵ともなるお客様自身です。

ゆえに、S社のN社長と話し合った結果、会社の営業上、2大戦力となる営業部門と製造部門を一蓮托生のチームとして、同じ立場で同じ空間で、同じ時間を共有して当たらせる方策をとったのです。

もちろん、他部門は、その2つの部門が同時に動けるだけの余力を生みだせるよう後方支援を行いましたが、本稿の事例紹介ではあくまで傍流であるため、あえて記載するのは控えます。

具体的成果

結果として、所属する部門はおろか、どっちが先輩だからとか、年齢が上だからといったことにとらわれず、「仕事をとるためにどうするか」という情報共有と商談打合せが増えました。

それに応じて、それまでほとんど無かった営業・製造現場から、会社への提言が増えるにつれて、提供する商品価値の向上だけでなく、提供する商品価値に見合うだけの価格交渉力も、今までのように営業現場に任せるだけなく、会社全体としてタイミングよく支援できる体制へと移行し、売上と利益の同時アップへとつなげることに成功したのです。

第4章のまとめ

売上には、「真の売上」と「ウソの売上」がある

主体的に動いた結果の売上こそが、真の売上である。格別の努力も工夫もない受身の売上は、結果オーライでしかない。さらに、「真の売上」と「ウソの売上」には、営業組織と営業個人との2種類が存在する。経営者は、それらを見極める必要がある。

儲かる会社は、売上を上げるだけでなく、売上をコントロールする

会社の事業が上り坂の時は関係ないが、下り坂や〝まさか〟の事態に直面すると、自力で生み出せる売上がなければ変化に呑まれる。引き合いの営業やルート営業のみの会社が変動期に弱いのは、自己売上と縄張り作りのノウハウが社内に存在しないことにある。

縄張りには、「営業戦略」と「営業現場」のものとがある

営業と売上の関係を全体像でとらえると、会社対会社、ヒト対ヒトで成り立っている以上、縄張りにも会社の経営戦略上の縄張りと、人間関係に基づく営業現場上の縄張りとが存在する。両者とも競合より強ければ永続し、一方だけであれば時に勝ち、時に負ける。

第5章

「全員営業」5つのノウハウ その5
『金で釣るな、心をつかめ』

良い仕組みだけで現場は動かない。
社員の心を奮わす仕組みづくりの要諦

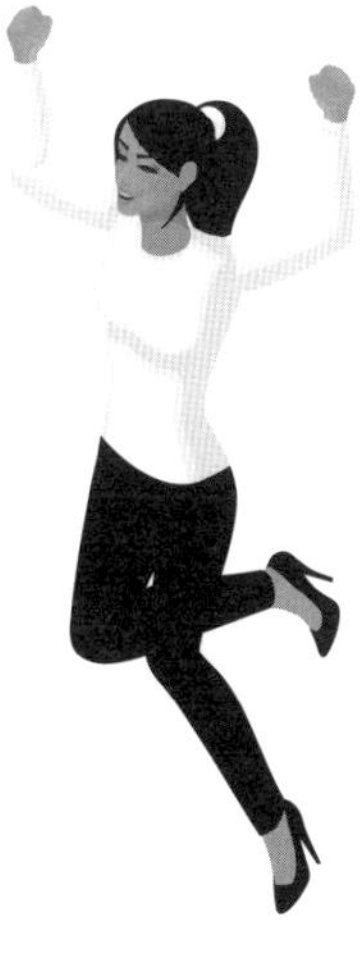

01 売上が上がると経営者は嬉しい悲鳴。でも、現場で上がっているのは、〝ただの〟悲鳴

「うれしい」と「ただの」差に潜む経営と現場の感覚の大きなズレ

以前あるコンサルティング顧問先の営業会議に参加したときの話です。

検討した施策が当たり、過去2年間連続で10％減だった売上が、コンサルティングを実施して3カ月後から回復に転じ、1年経過後にはすべての営業所が対前年で10％以上上昇し、最も上昇した営業所では38％アップという成果でした。

経営者は一安心し、営業および経理担当の役員は大喜びでした。

1年前までは会議や業績報告の度に、激励はなく、叱咤ばかり受けていた営業所長も、この数カ月は、こと営業所の売上については、自信をもって報告をすることができていました。

営業会議で、経営者と役員が退出した後、称賛も込めて、最も売上を上昇させた所長に私が「社長も先ほど『これだけ売上があがると、忙しくても嬉しい悲鳴です』と言われていましたよ」と言ったところ、次の言葉が返ってきました。

「おかげさまで、お客様の数も売上も増えました。それは間違いありません。でも、現場はぎりぎりの人員でやっていることもあり、しんどい状態が続いています。社長にとっては嬉しい悲鳴かもしれませんが、現場で上がっているのは、〝ただの〟悲鳴です」

笑顔とともに返ってきた言葉でしたので、その営業所長にとっては半分冗談だったかもしれませんが、私はそのとき、**経営者と現場の感覚の大きなズレ**に衝撃を受けました。単なる衝撃ではなく、がんばって仕事をすれば給料も上がるし、生活も良くなる。あるいは、「それなりの年齢なんだからそれ相応の仕事をしろ」というのは、正論のマネジメントですが、それだけでは会社は長期間うまく回らないことを実感しました。

ひと昔前に比べ、長年勤めていれば過半数が役職者になるわけでもなく、正社員の他にも契約社員、そしてパートタイム勤務など、**労働形態の多様性が増した経営の中では、収入と昇進が右肩上がりを前提とするマネジメントだけでなく、別の考え方も必要**だということです。

要は、「みんなが出世や昇進を望んでいるわけではない」「がんばって給料を上げるよりも、今と同じ収入で楽に仕事する方がいい」という割合が、ひと昔前より確実に増えている中で、会社の業績を上げて、それを継続させるための方策を考える必要があります。

個人の就業観にも、大きな差がある

それに気付いてから、単に業績を上げるだけでなく、社員の階層および個人個人にとっての就業観や働く目的にも注目して方策を練るようにしていきました。

その結果、様々なことに気づきました。

一番わかりやすいものを1つ挙げると、東京・大阪・名古屋などの都市圏で新卒採用をしている会社と、営業および活動地域が地方都市に限定されている中途採用中心の会社です。

後者では、時に実家が農業をやっていて、米は送ってくる、余っている土地を活用して駐車場収入がある、土地はもとからあったので住宅ローンは完済して住居費はほとんどいらない…など、仕事最優先の価値観が通用しない状況が多く見られたのです。多少給料を多くもらう程度の都会人よりも、生活に余裕がある人が想像以上にいたのです。

ここで会社の売上が上がる仕組みを導入し、現場を動かそうとする場合、2つの考え方が生まれてきます。

1つ目は、**「経営者と同じく、仕事が忙しく目が回っても、うれしい悲鳴と感じる社員を増やす」**こと。

２つ目は、**「社員にとっては忙しくなるのは、ただの悲鳴にすぎないから、それを耐えられる悲鳴に変える」**こと。

では、順を追って1つ目の方策から詳細に説明していきましょう。

02 経営者の「これくらい言わなくてもわかるだろう」は、宝くじよりも当たらない

売上が上がることのメリットと個人の関連性の差

先ほど説明した、「売上が上がると経営者は嬉しい悲鳴だが、現場はただの悲鳴」という現象が起こる最も大きな理由は、売上が上がることのメリットと関連性に違いがありすぎるからです。

経営者にとって、売上があがることは自らの役員報酬に直結します。また、未上場の中小企業の場合、「会社＝経営者＝株主＝自分」であるため、会社の成績そのものが自らを証明する1つとなりえます。

しかし、大多数の社員の場合、会社で働くということは、人生の大部分を占めるものの、あくまで生活費を得るための手段という位置づけにすぎません。人によっては、「会社を一歩出た途端に仕事のことは忘れる」ということすらありえます。また、会社の売上が上がったからといって、給与が格段に増えるというわけでもありません。経営者に比べて、売上や業績が上がるメリットと自分との関係性が、どうしても薄くなるのです。

では、どうするか？

過去、私が顧問先で実施し、お金をかけなかったにも関わらず、最も効果を発揮したのは、**「現場で、その人が行う仕事の持つ意味と、それを行うに至った背景を説明して理解させる」**という手法です。

経営者の傾向として、説明不足、言葉足らずというところがあります。ゆえに、会社で行われる施策や、自分が担当する作業についての意味と重要性が、よく理解できていないまま仕事をしている人がほとんどです。

「売上を増やせというときに、なぜ売上を増やす必要があるのか？」

「これから営業は、お客様のところに定期的に顔を出せと言うなら、なぜ顔を出す必要があるのか？　どんな効果やメリットが自分にあるのか？」

など、業績と直結したり、新しい施策の柱となる箇所について、当事者以外にもわかるような説明をして、理解させるということです。

「言わなくてもわかる」は、通用しない

私がそういうと、経営者からは必ず次のような言葉が出てきます。

「そんなこと、営業なら説明するまでもなく当たり前のことだ」

「営業だったら、人から教えられる前に、自分で考えろ」

しかし、考えてもみてください。

売上が上がらないと一番困るのは誰ですか？

売上が上がると一番うれしいのは誰ですか？

社員ですか？　課長ですか？　部長ですか？　それとも…社長ですか？

20年、30年、あるいは50年近く一緒に生活している家族でさえ、これくらい言わなくてもわかるだろうと思っていて、偉い目に会ったことはないですか？

ましてや、社員との関係は、それほど長い年月かつ濃いものではありません。新しい経営や営業の施策を導入する際は、「給料を払っているんだから」とか「もういい年齢なんだから」という先入観や甘えを横においていて、**言葉も生活習慣も違う外国人を採用して仕事**

をやってもらうくらいの配慮をするのが、短期間で現場を動かし、経営者が見ていないところでも動いてもらうために効果を発揮するのです。

経営者と社員の当たり前は、そもそも当たる〝的〟が違う。

03 管理職の「俺はちゃんと説明した」に含まれる、富士山よりも大きな誤解

「ちゃんと」が「にゃんと」になる理由

経営者と社員の接点は、お互いに顔が見える規模の会社であっても、実務上は仕事の内容そのものが違うため、それほど多くありません。また、社長は1人でも、社員は複数いるため、経営者ができるのは、仕組みを決定し、それを現場に導入〜浸透させる流れを作ることです。

経営者が、施策や仕組みの意味と背景を説明すべきなのは、会社で行う物事の最終責任は経営者にあるからです。「経営者と管理職のどちらが営業の実務に精通しているか」ではなく、会社の代表者が説明するからこそ、それが**「会社全体として取り組む施策である」**と、すべての社員が暗黙の内に理解できるのです。

しかし、何もかも経営者が行ってしまっては、経営者の体も1つだけなので、いくら時間があっても足りません。実際に、現場で「運用〜定着」をさせる役割を担うのは、部課長を中心とした管理職となります。

仕組みを動かす段においては、ここが最も問題が起こりやすい箇所となります。

それゆえ、日本中で毎日、どこかの会社で必ず言われている言い訳がここで出てきます。

経営者が、現場からの報告を受けて、「なんで新しい仕組みが動いていないんだ」と管理職を問い詰めるときに必ず出てくる言い訳です。

「ちゃんとやるように、部下には説明しました」

この言い訳には2つの大きな疑問点があります。それは〝ちゃんと〟と〝説明しました〟です。経営者が言ったことをオウム返しに部下に伝えるだけなら、ビデオで十分事足ります。事実、複数の大陸で事業を展開している企業は、社員数が１００名規模であっても、そうしています。

しかし、経営者は現場の実務にどっぷり毎日携わっているわけでなく、会社全体の視点から施策や仕組みを説明することになります。

それを現場実務に落とし込む「翻訳」や「補足」をすることこそ、管理職が担うべき役割です。それができていないと〝ちゃんと〟説明したつもりが、〝にゃんと〟しか伝わっていないのです。

新しい施策や仕組みの導入は、具体的に！

さらに、もっと見落とされがちなことがあります。それは、〝説明した〟という言葉の前にそぎ落とされている言葉です。

「○○回、説明しました」の前半の部分が省略されてしまっているのです。

新しい施策や仕組みを1回説明しただけで、すべての営業マンや社員が、経営者が納得いく水準で実施し続けられるようになることなど、滅多にありません。

仕組みがあることで最低限度の及第点は、すべての社員が即座にできるようになるとしても、熟練あるいは自然にできるようになるには、繰り返すことが必要だからです。習慣の力は強力なので、それを1回説明した程度で、ましてや後は個人任せにしていては、いくら良い仕組みでも成功率は極端に下がってしまいます。

私がすべての会社にお勧めしているのは、「ちゃんと説明する」といった抽象的なことでなく、新しい施策や仕組みを導入したときは、**「最初の3カ月は毎週のように繰り返し意識づけを行い、確認する」**という手法です。

日報や週報を活用した仕組み化が便利ですが、それが難しい場合は、部下が数人までであれば、毎日上司が電話で確認をとるか、留守番電話に入れてもらえばいいのです。

（※ITツールも使い方次第ではかなり役立ちます）。

現場実務の浸透には、管理職が、高校１年生でもわかるように明確に、３カ月間は毎週繰り返し説明（指示～確認）すればよい。

04 社員を観て法を説くのでなく、人間の本質に沿って仕組みを作る5つの要諦

仕事とは、後天的に身につけるもの

経営者と管理職が全員営業の仕組みを導入する際、最も意識した方がよいことの次に、仕組みそのものの重要点をお伝えします。

仕事というのは、後天的に身につける能力です。ゆえに、身につく能力差はあれど、能力が見につく過程においては、全員が同じプロセスをたどります。

すなわち、**「①知る～②学ぶ～③習う～④繰り返す～⑤慣れる」**です。

❶「知る」段階

最初の「知る」段階では、どんな仕事があるかそのものを見聞きして、認知することです。しかし、それだけでは、経理のスタッフが製造工場の現場に行けば見聞きはできていても、知るということにはなりません。

■図表 10　人が能力を身につけるプロセス

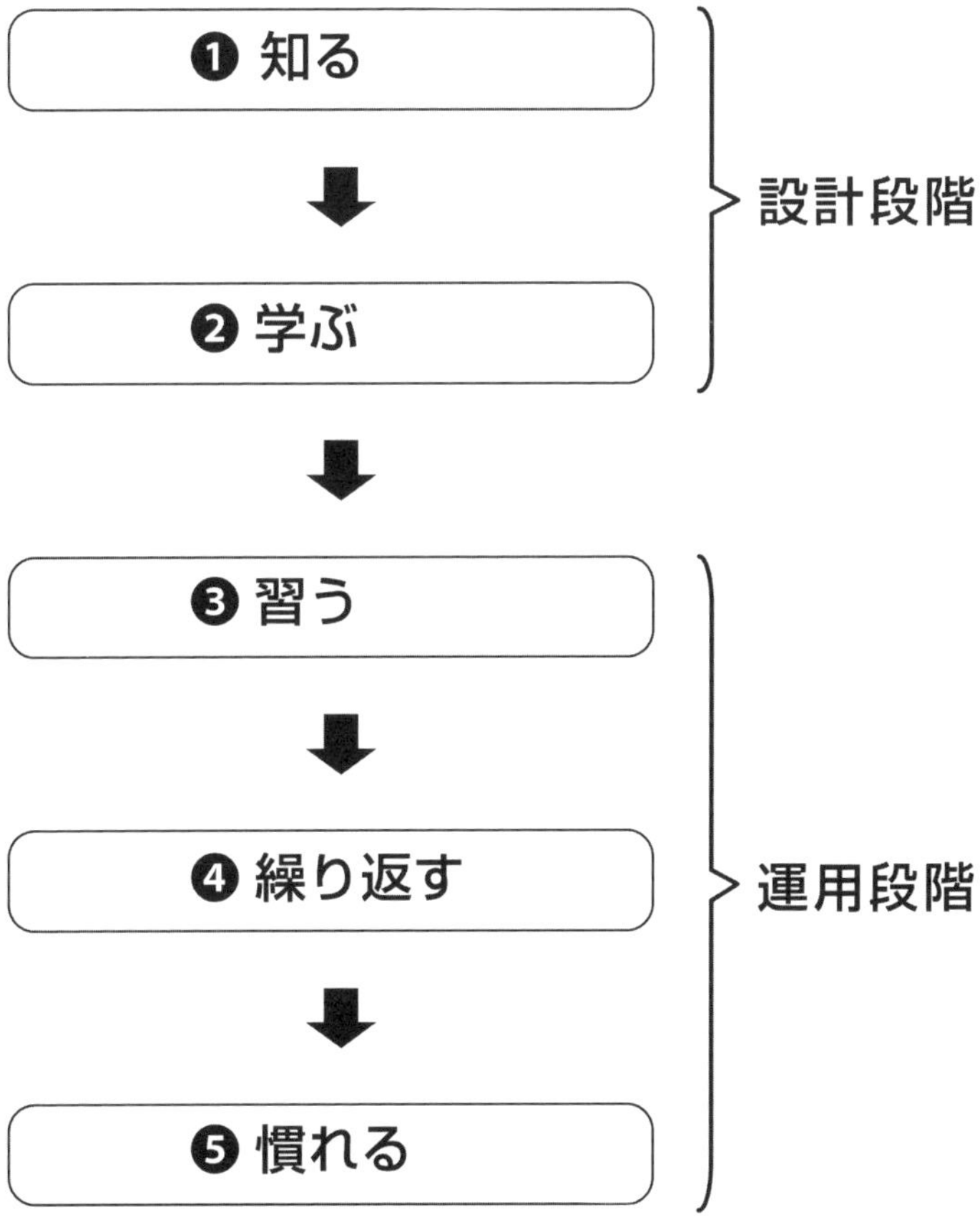

ここで「知る」というのは、**「自分の仕事として認識する」**ということです。まず、会社が考えるべきことは、「誰がやるか」の前に、「どんな仕事が必要か」「どんなことをやれば、営業において効果や成果を導くことができるか」「今より時間当たりの営業生産性が上がるか」を検討して、仮説を練るか明確にすることです。

ゆえに最初、仕組みを練る段階で、社員から情報を入手することはあっても、仕組みの検討への関与は必ずしも必要ありません。

❷「学ぶ」段階

次に「学ぶ」段階では、初めてのことを行うか、それまでやったことでも、会社全体や他部門と連動しての実施は初めてなので、やり方を誰かから教えてもらう必要があります。この「学ぶ」の段階は、特に中小企業ではなおざりにされがちです。その点は、前述の経営者の「これくらい言わなくてもわかるだろう」が原因です。

知ってはいても、実施する、あるいは、今回のやり方で実施するのは初めてなので、あくまで初心者でもわかるように学べる体制を構築する必要があります。

全社員を集めての説明会や、担当者を集めての模擬演習などが必要になるのは、そのためです。

また、会社として、今まで営業の施策は、営業部門内でいつのまにか始まり、いつの間にか終わっていた会社であればあるほど、過去に前例のない事務部門も集めての説明会や意見交換会などを行うと、それだけで会社が本腰を入れて、新たな取り組みを行っているという意識づけにもつながります。知識ベースの段階はここで終了します。

❸「習う」段階

知識の次は「実践」です。「習う」の段階では、実際に現場で試すことを指します。「学ぶ」までの段階でやることはわかったんだから、とりあえず動いてみるというのは全員営業ではありえません。最初から再現性を考慮した施策を行うため、「習う」の段階でも、**「いつ、誰に対して、何を、どれくらいの時間で、どう試すか」**を設定して、後で分析できるように行います。

PDCAサイクル（P計画～D実践～C検証～A活動）がうまく回らない会社が多いということは、コンサルティング現場でもよく見聞きしますが、「C検証する」の前提となる「D実践」が普段やっている営業だからと、いいかげんになされている場合をよく見かけます。ゆえに、検証しようにも、その前提となるデータが使えないことになるのです。

会社説明に2分、商品の説明に2分など、「学ぶ」の段階で徹底しておき、「習う」のところでスムーズに実践できるようにするには、営業マンが会社を出る前に、すでに第一段階の「習う」の訓練をしてから出す必要があるのです。

❹「繰り返す」段階

「習う」と次の「繰り返す」の段階とはセットです。まずは1～2週間程度の実践したデータや気づいたことを持ち寄って、営業部門および会社全体で検証しつつ、現場で効果が見込める型を作り上げることを指します。

全員営業の仕組みとして、当初考えていたものが、この「繰り返す」の段階で、一部修正や追記を加えつつ、**確率を伴った再現性のある仕組みになるかどうかの分岐点**とも言えます。

「1か月×3サイクル」あるいは「2カ月×2サイクル」など、一過性ではなく、少なくとも2回以上の検証を比較することで、施策と仕組みの効果性と運用力が強化されます。

❺「慣れる」段階

最後は、「慣れる」段階です。「習う」段階までは、時に、マニュアルや手引きを確認したり、訪問時の予習や復習をしつつ実施することになりますが、3カ月～数カ月の「慣れる」までの時期を設定し、それに向かって実践していくことで、習熟とともに、いちいち確認しなくても、できるようになります。

個人が好き勝手に実施するのでなく、**全員営業の仕組みに沿って、全社が連動し、誰が何をやっているかが、組織として統一性と一貫性があるからこそ、本人からも他者からも実践しているレベルが、何とかできている水準か、自然とできて慣れるまで到達したかが、見える**のです。

ここまでくれば、あとは求める成果に変化が生じるか、そうでなければ、1年か2年ごと定期的に、管理職以上が状況と仕組みを「確認～検証」すれば運用し続けることが可能となります。最初の段階から、再現性を考慮した施策を練り、段階的に実践をしつつムリのないスケジュールを組むことで、仕組みというものは組織に定着するのです。

新たな施策の仕組み作りのバランスは、設計3割×運用7割。

05

お客様からの「ありがとう」を99.9%の確率で引き出す施策

会社そのものと、すべての社員を活性化させる最良の方法

これまで、すべての社員を営業戦力化する全員営業により、現有戦力のまま仕組みで会社の営業力そのものを格段に上げる方法をお伝えしてきました。しかし、私のコンサルティング経験上、営業力の強化法をお伝えすることができ、それを定着させることができても、どうしても1つだけ課題が残ります。

それは、「**いつから売上やお客様が増えていくのかわからない**」ということです。

大概は1年以内に改善するのですが、その1年以内のどこから改善するかまでは、不確定要素が多すぎて読めません。しかし、そういった中で、会社そのものとすべての社員を活性化させる最良の策があります。それを最後にお伝えします。

かつて私が営業マンだったころ、ある会社の社長から言われた一言があります。それは、「君は熱心に通ってくるし、訪問の度に情報や手土産も持ってくる。でも、そんな君でも、どうせ他の営業マンのように、契約した後はパタッと来なくなるんだろう」

そのときの社長は、少しさみしそうな顔をしていたことを今でも覚えています。

過去、何百人あるいはそれ以上の営業マンが訪問してきた際、仕事をとるまではうれしいことや有益な情報を提供しても、いったん仕事をとった後は、それだけが目的だったかのように、あとは仕事がほしいときだけ訪問するようになるのに慣れてしまったかのようでした。

そこで、まだ25歳だった自分なりに考えました。自分ができる範囲のことで、そんな社長にも喜んでもらえて、自分を信じて仕事を依頼してくれた感謝を伝える方法はないものかと。

考えついたのは、**入金の確認をして、その御礼を伝える**ことでした。

営業マンが代金を集金してくるというのは、法人取引かつ高額になれば不可能です。しかし、それゆえにこそ、営業マンはおろか、時には管理職でさえも、「契約書にハンコを押してもらうことが営業である」かのように錯覚してしまいがちです。

今スグできることで、新人の自分でもできることとして、また自分に「営業は仕事をとるときしか来ない」といった社長に対して、次に入金があったときに、Ａ４の用紙に手書きで振込入金への感謝の御礼を書いて、ＦＡＸを送ってみました。

朝一番にＦＡＸをすると、１時間以内に電話がかかってきました。

「ＦＡＸ見たよ、ありがとう」

相手は経営者なので、ほんの一言でしたが、わざわざ電話をかけてこられました。

試しに、別の経営者や決裁担当の管理職にも送ってみました。すると次々に、「いや、こんなのもらったのは初めてだよ」「ありがとう、会社で回覧したよ」「そんな気をつかわなくてもいいのに」という言葉が返ってきて、次に訪問すると、明らかに対応が良くなる会社もありました。

しかし、自ら新規開拓および担当した会社のうち1社だけからは、次のように電話で言われました。

「辻さん、ＦＡＸを送ってくれるのはいいが、紙代とインク代はタダじゃないから」

この1社だけ「もう送らなくていいから」という指摘があったので、１００％ではなく、99・９％の成果でした。

それは、私ができるだけ早くお礼を伝えたいからとＦＡＸで送ったからです。運用の難易度は上がりますが、もし、ハガキで御礼を伝えるようにしていれば、１００％の確率になっていたことでしょう。

営業において、契約書が何枚増えようが、商品をいくら相手に提供しようが、代金をいただいて初めて売上が計上され、それが会社の利益と社員の給与になるのです。

仮に、仕事の役割が分担され、実務上は、お客様を見つけて、契約をとるのが営業部門であり、お金の管理は経理部門であったとしても、また、契約と入金との時間差が大きいため、どうしても営業といえば、契約獲得が中心に考えがちになったとしても、**入金にも意識を向けてこそ、真に強い営業組織、儲かり続ける会社ができあがります。**

営業力を高めるために、今すぐできるシンプルなことでありながらも、営業現場でお客様から「ありがとう」という言葉とともに喜ばれて、全員営業における運用の「はじめの一歩」となるのが、この入金御礼ＦＡＸ（ハガキ）なのです。

補足　ＦＡＸやハガキの方がもらった時に、印象深いですが、相手の会社の状況等によっては、メール等で伝える方が相手にとっては都合が良い場合もあります。

会社の存続は、お客様1社ずつの積み重ね

創業10年、20年、あるいは数十年続いている会社が今でも存在し、これからも存在し続けるのも、お客様1社ずつの積み重ねがあってこそです。

「顧客満足だ」、「お客様第一だ」と言いつつ、取引する前段階だけで施策を練ったところで、要は仕事が欲しいからというサービスの事前提供にすぎません。

相手に伝わるかどうかはわからない、それでも、経営者として、自分の会社と商品と担当者を信じて、取引をしてくれているお客様、新しく取引を開始してくれる会社に、気持ちを伝えられるような会社が1社でも増えてくれることを心から願っています。

家に帰るまでが遠足のように、代金をもらうまでが営業である。

営業を取引にするか出会いにするかは、想いと行動で決まる。

事例

業務食品卸業では、3年で年商42億円が109億円へアップ

「全員営業」導入の経緯

ここまでのページを読んでこられて、「考え方や言ってることもわかるが、本当に現場は変化し、動くのか」という点に疑問を持たれている経営者もおられるでしょう。

その指摘はごもっともです。部門や社員は、施策が良いだけでは動きません。仮に短期間は変化しても続きません。

西日本を拠点に、業務食品卸業のK社のY社長は、営業力を強化することだけでなく、実際の運用および定着に非常にこだわりました。ゆえに、営業の仕組み作りと同様に、どうすれば新しい施策が全社に浸透するかの仕組み化を検討しました。

その結果、業績を上げると共に、営業の実績を全部門が承認するところまで整備することにより、部門間の営業情報共有と営業マインド浸透をはかり、社運を

かけた事業構造の転換に成功しました。

業務食品卸という業種は、私が以前属していた都市銀行に似ています。最近では、多少、変わりましたが、私が在籍していた頃は商品構成から商品のメリットまで他社と横並びでした。食品も同じです。鮮度や産地の違いはあれど、トマトはトマトですし、茄子は茄子です。

ゆえに、Y社長は、「商品とサービスで差別化を図るのは経営陣の責任であり、営業力と社員の成長は現場の責任」という考えのもと、全社をあげて従来の他社と横並びの経営から脱却しようと考えました。

オーナー社長ゆえ、仮に役員であっても耳に痛い直言はしづらく、これまでの経験が却って邪魔をするだろうと考えて、外部を活用することを考え、紆余曲折を経て、私と組むことを決定されました。

課題

以上の話だけ聞けば、管理職の動機づけや、現場での営業トークが、当面の施策や仕組みとして考えられるかもしれませんが、Y社長の凄味は、社員を信用しつつも、依存しなかったところです。

それは、なぜが…。

客観的に見て、自社が決して人気業種とは言えないため、入社してくる人や在籍している人が、口では「第一希望です」とか、「御社に骨をうずめます」と言いつつも、他に希望していた業種や会社があったことを、忸怩たる思いはありながらも理解していたところです。

ゆえに、社員を締め付けて売上を上げたりするのではなく、入社時の満足度は決して高くなく、かつ仕事面には厳しく指導するにしても、「この会社と出会えて本当によかった」と思ってもらいたいというのが、新しく取り組む施策の根底であり、最も重要な点でした。

社員一人一人にそれを実感してもらいたいがゆえ、「もっと営業力を強化して、仕事の成功体験と実績を増やしたい」という依頼でした。

具体的方策

会社の年間重点施策として取り組んだことは、次の3点です。

「①真正面からの誠実な営業実務の仕組み作り」
「②営業現場で日々発生する悩みの解消」
「③結果だけでなく、成長を承認する仕組み作り」

上司や先輩によって、あるいは経営幹部によって、話す内容や伝えるアドバイスが変わっては、営業現場のスタッフは戸惑うだけです。
ゆえに、K社の営業手法として、営業として行うことの体系化を実施し、営業の全プロセスを8つに分類しました。

補足　8つに分類した営業プロセスとは、第3章の図表7（142ページ）をもとに「成長を承認する仕組み」を追加し、自社独自にアレンジしたものです。
そして、これら8つのプロセスを、決して営業個人任せにせず、対応と情報共有を営業部内に設定したチーム内で共有し、各プロセスにおける停滞や対応不足が起きないよう工夫をしました。

また、過去5年近く変更することのなかった営業ツールも再検討し、その見直しを定期的に実施する体制を構築しました。

その営業の体系化や共通言語化および営業ツールはもとより、会社にとっての重要顧客の概要などは、部署に関係なく、すべての社員が理解し、使い方も把握できるようにしました。

具体的には、部署によって強制および任意の勉強会や講習会を行うことで、仮に営業担当者が不在でも、電話に出た人がすべて基本的なことは理解して対応できるようにしました。

特に、主要顧客については、単なる電話挨拶ではなく、「いつも、担当の○○がお世話になっております」という、気の利いた一言がいえる体制を時間をかけて整備していきました。

全員営業の考えとして、お客様にとっては、誰が相手だろうが、目の前にいる人がその会社の人であることを実践したのです。

電話応対まで、浸透させることにより、見込段階のお客様であっても、そつのない対応がとれるようになり、並みの力量の営業スタッフでも、自社の特長と強み・正確な商品・サービス情報を、正確にもれなく確実にお客様に伝えられる営業ツールを整えました。これらのことにより、営業活動における個人差とチーム間のムラを極端に減らすことができました。

具体的成果

しかし、いくら営業の体系化やツールを整えたところで、営業の成功率が100％になることはありえません。

営業を行えば行うほど、現場のスタッフには新たな悩みと課題が降りかかります。この1件1件の積み重ねに対する対応の違いが、「売れる営業と、売れない営業」を生じさせるのです。

ゆえに、成績がいまひとつの営業マンにはベテラン営業を、そこそこの営業マンには切磋琢磨する営業のライバルをつけて、お互いに状況を共有し、アドバイスしあう体制を整えました。

いくら優秀な営業管理職がいたところで、部下が20人もいれば、必ずサポートができないスタッフが出てきます。

この「営業活動の共同体制は、仕事の重要な一環である」ということを経営者自ら宣言することで、片手間や時間があればやるのでなく、お客様先に訪問するのと同様に重要であることを理解させました。

その上で、共同体制がうまく進んでいるチームを認め、かつ見本とするために、半期に1回社員全員の前で表彰するようにしました。

指導やアドバイスが的確かつ実績があがった人の中から、管理職・現場リーダーを登用する風潮を醸成していったのです。

とはいっても、そんな簡単に新規の営業数字があがるとは限りません。

ゆえに、営業活動として、まっとうなことを継続していても、まだ数字の結果に表れていない相手については、前年や前期より成長・進展したり、半年間追い続けた先からアポがとれたなどという小さな成功体験も部門やチーム内で承認し、称え合う時間と機会を設けることにしました。

現場で日々起こっている課題を自分だけで抱える必要がなく、部長や課長が不在でも、社内のどこかには相談できる相手が必ず存在していること、自分の営業ノウハウを出せば出すほど社内で評価され敬われるようになること、やった仕事をやったなりに適正に周囲から認められること…などにより、大部分の社員が自ら研鑽し、知識を増やし、断られてもあきらめず仕事の見込がある先には訪問し続けるようになっていきました。

さすがにここまでいくには、半年や一年では無理でした。

しかし、異業種の転職者や新入社員が一人前の営業として育つ仕組みと、手練手管ではなくやったことをありのままに受け入れられる社内体制を整えたことにより、３年で年商を42億円から１０９億円までアップさせ、社員を育てられる管理職が揃う会社へと変貌することを実現したのです。

第5章のまとめ

仕組み作りは、設計3割・運用7割である

全員営業の仕組みを整え、現場で実用するには、『効果性』と『再現性』の両立が必要となる。導入前の設計段階は、成果へと導く論理が優先されるが、導入時からは、関係者の感情への洞察も求められる。その総合的なバランスは、3対7である。

仕組み作りは、性悪説で考え、性善説で運用する

新しい仕組みは、すべての社員が初めての体験であり、どう動くかは未知数である。時には、従来のやり方に慣れた管理職が仕組みの障害となる場合もある。しかし、そうなってしまう原因の半数以上は、本人よりも、仕組みと導入過程に原因がある。

最高の施策ではなく、最善の施策が会社を変える

良い施策だけでは、会社も人も変われない。それほど習慣の力は強い。一方、会社のメリットだけでは、現場の負担が増えて長続きしない。仮に、最高の策ではなくとも、現場で継続することができる最善の策こそが会社を変えることができる。

第5章　「全員営業」5つのノウハウ その５　『金で釣るな、心をつかめ』
良い仕組みだけで現場は動かない。社員の心を奮わす仕組み作りの要諦

おわりに

会社が目指すべきは、大儲けではなく、長儲け®である

「経営者になる真の意味は、孤独な立場を選んだ以上に、片道切符を選んだということにある」

決して順調に社会人生活を経たとは言えず、何度か異業種へと転職し、当時は世の中で最も怪しい職業と言われたコンサルタントとして20年以上やってきた私が、実際に数百社と関わる中でたどり着いた見解です。

経営には「夢やビジョンが大切」という意見や、「社会への価値提供が大切」という考え方もあるでしょう。しかし、私がこれまで関わってきた会社、中でも多くの中小企業では、「経営者と社員の家族が生活するために」、そして「会社を続けていくことそれ自体のために」事業をやっています。

無借金経営であればともかく、建設業や製造業などのように先行投資が必要な業種であれば、金融機関からの借入れが必要です。その場合、経営者は、個人保証をすることにな

ります。また、その状態は、経営者が交代しても続くことさえあります。かといって、一朝ことが急変したとして、例えば、かれこれ20年社長のイスに座った、年齢50歳以上の人（著者も含まれます）を、一体どこの会社が新たに新人として雇うでしょうか…。

「経営者になるとは、片道切符である」という所以です。

一方で、雇われる社員の状況も以前とは変化しています。

「不安は尽きぬが、不満はないのが経営者。
不満は尽きぬが、不安はないのが社員だったが…」

雇用形態の多様化に加え、仮に会社は安泰であったとしても、先行き次第では自分の雇用の維持は不確定な風潮が生み出されています。また、新たな技術革新や市場の変化により、仕事のやり方そのものも、短期間でたえまなく変化し続けています。

会社で働くということが、この10年で急激に厳しくなったのには、会社をとりまく競争条件だけでなく、社員をとりまく社会的な状況から、心理的に不満だけでなく、不安まで抱えるようになってきているからです。かといって、いざ家庭を持ち、住宅ローンを抱え、子供の進学も控えている身からすると、会社組織の中で正論を真正面から振りかざしたり、いつも本音で応対できなくなることも充分理解できます。

社員の立場だったら、どうしてもいやなら会社を変わればいいと考えようにも、年齢が35歳以上になれば、異業種に転職するのは難しく、さらに転職したところで、年収は現状未満どころか半減すらありえるのです。

そのような経営者と社員との間で、両者の決して声にはできない心の奥底にも配慮しつつ、お客様と経営者と社員が同時に繁栄・発展していく道を作るには、設立から年月を重ねる企業であればあるほど、そして平均年齢がある水準以上の会社になればなるほど、一時的な大儲けを狙うよりも、〝長儲け®〟を目指す会社経営こそが必要不可欠なのです。

コンサルタントは、薬か毒かいずれかになるようでなければ到底、会社経営のお役には立てません。しかし、同じなるなら、会社にとって喜ばれる起爆剤となるために「良薬は口に苦し」という薬であり続けたいと心得ています。

それができて初めて、これまでご縁をいただいた会社の経営者と社員の方々、及びその会社が今にいたるまでを創り上げた先人の方々へ、これ以上ない真の価値を提供できたと言えるからです。

さらに、私がこのコンサルタントという仕事を生涯やり続けると決意していることの完遂へとつながります。

末筆ながら、新装版として再度本書を世に出す機会を下さった株式会社エベレスト出版の方々に、心から感謝申し上げるとともに、本書が、会社経営に日々真剣に取り組まれている経営者の一助になることを心から願っています。

辻経営有限会社　代表取締役
全員営業コンサルティング®開発者　　辻　伸一

著者 辻 伸一 Shinichi Tsuji

長儲け®経営コンサルタント、全員営業コンサルティング®開発者

すべての社員を営業戦力化することにより、会社の営業力を最大化する「全員営業コンサルティング®」を、日本で初めて体系化したコンサルタント。営業戦略と現場の革新および世代継承時の競争力維持に向けた指南役として、いま最も注目を集める人物。

1967年、徳島県出身、同志社大学卒業後、三井銀行（現三井住友銀行）に入行。その後、旅行大手のH．I．S．（エイチ・アイ・エス）に転職し、法人営業部の立ち上げに参画するなど、営業実績西日本ナンバー1のスタッフとして活躍。コンサルティング会社を経て、2005年に辻経営有限会社を設立し、現在に至る。経営者が抱える葛藤と、現場が直面している実態の双方を熟知し、その両立を図る指導のやり方は、経営者からの支持が厚い。

これまで述べ25年の指導歴（コンサルティング会社在籍時を含む）における成功確率は95％以上にも及び、直接指導2年以内の業績アップは年商換算で最大231％に上るなど、眠れる潜在営業力の掘り起こしにより、事業経営そのものを、確実に一段階、引き上げる手腕は傑出している。

小社 エベレスト出版について

「一冊の本から、世の中を変える」――当社は、鋭く専門性に富んだビジネス書を、世に発信するために設立されました。当社が発行する書籍は、非常に粗削りかもしれません。熟成度や完成度で言えばまだまだ低いかもしれません。しかし、

・リーダー層に対して「強いメッセージ性」があるもの
・著者の独自性、著者自身が生み出した特徴があること
・世の中を良く変える、考えや発想、アイデアがあること

を基本方針として掲げて、そこにこだわった出版を目指します。

あくまでも、リーダー層、経営者層にとって響く一冊。その一冊から経営が変わるかもしれない一冊。著者とリーダー層の新しい結び付きのきっかけのために、当社は全力で書籍の発行をいたします。

中小企業のための全員営業のやり方〈新装版〉

定価：本体3、080円（10％税込）

2023年8月4日 初版印刷
2023年8月29日 初版発行

著者 辻伸一（つじ しんいち）
発行人 神野啓子
発行所 株式会社 エベレスト出版
〒101-0052
東京都千代田区神田小川町1-8-3-3F
TEL 03-5771-8285
FAX 03-6869-9575
http://www.ebpc.jp

発売 株式会社 星雲社（共同出版社・流通責任出版社）
〒112-0005
東京都文京区水道1-3-30
TEL 03-3868-3275

印刷 株式会社 精興社　装丁 MIKAN-DESIGN
製本 株式会社 精興社　本文 北越紀州製紙

 ISBN 978-4-434-32603-5